藝味説・上冊

再版前言

這套「中國美學範疇叢書」初版於二〇〇一年，時隔十五年再版，作為編委與作者，依然感到書不盡言，言不盡意。

中國美學範疇，顧名思義，是對中國數千年源遠流長的美學與文藝史理論的概括。範疇這個術語本是從西方哲學引進的。西方所謂範疇是指人類主體對事物普遍本質的認識與把握。它與概念不同，概念一般反映某個具體事物的類屬性，而範疇則是對事物總體本質的認識與把握。中國美學的範疇與西方美學相比，富有體驗性與感知性，善於在審美感興中直擊對象，這種範疇把握，融情感與認識、哲理與意興於一體，正如嚴羽《滄浪詩話》所説「唐人尚意興而理在其中」。中國美學範疇，實際上是中國古代美學與哲學智慧的彰顯，也是藝術精神的呈現。諸如感興、意象、神思、格調、情志、知音等美學範疇，既是對中國美學與文藝活動的總結與概括，也是人們從事藝術批評時的器具。對中國美學範疇的認識與研究，不僅是一種學術研究與認識，而且還是一種體驗與濡染的精神活動。中國美學範疇的生成與闡述，與個體生命的活動息息相關，這種美學範疇在社會形態日漸工具化的今天，其精神價值與藝術價值越發顯得重要。中國當代美學範疇與精神的構建，毫無疑問應當從中國傳統美學範疇中汲取滋養。

這套叢書緣起於一九八七年，當時正是國內人文思潮湧動的時

候，那時我還是在中國人民大學哲學系美學教研室任教的一名年輕副教授。吾師蔡鍾翔教授與中國人民大學中文系的同事成復旺、黃保真教授一起編寫出版了《中國文學理論史》，接著又發起與組織編寫了「中國美學範疇叢書」，歷時十三年，於二〇〇一年由百花洲文藝出版社出版了第一輯，有《美在自然》、《文質彬彬》、《和：審美理想之維》、《興：藝術生命的激活》、《原創在氣》、《因動成勢》、《風骨的意味》、《意境探微》、《意象範疇的流變》、《雄渾與沉鬱》等十本。我承擔了其中的《和：審美理想之維》、《興：藝術生命的激活》兩本。

在編寫這套叢書時，蔡老師作為主編，撰寫了總序，確定了基本的編寫思想，對於什麼是中國美學範疇及其特點，作出了闡釋，將其歸納為：一、多義性與模糊性；二、傳承性與變易性；三、通貫性與互滲性；四、直覺性與整體性；五、靈活性與隨意性。這五點是中國美學範疇的特點。強調中國美學範疇的認識與體驗、情感與理性、個體與總體的有機融合。另外，蔡師也強調「中國美學範疇叢書」的編寫與出版，是隨著中國美學的研究深入而催生的。在上個世紀八十年代初的美學熱中，對於中國美學史的興趣成為當時亮麗的風景線，我在當時也開始寫作《六朝美學》一書。而隨著中國美學史研究的深入，人們越來越對中國美學範疇產生了濃厚的興趣，在當時，意象、意境、境界、神思、比興、妙悟等範疇成為人們的談資，時見於論文與著作中，也是文藝學與美學中的熱門話題。正是有鑒於此，彙集這方面的專家與學者，編寫一套專門研究中國美學範疇的高水平叢書的策劃，便應運而生。正如蔡師在全書總序中所說：「『叢書』選題主要是

元範疇和核心範疇，也包括少量重要的衍生範疇，在這些範疇之內涵蓋若干相關的次要範疇。這是對中國傳統美學範疇的一次全面深入的調查，工程是浩大的、艱難的，但確是意義深遠的，它將為中國美學和中國文論的史的研究和體系研究打下堅實的基礎。」

這套書從策劃到編寫，再到出版，歷經十多年，作為撰寫者與助手的我，見證了蔡師的嘔心瀝血，不辭辛勞。比如揚州大學古風教授撰寫的《意境探微》一書，傾注了蔡老師審稿時的大量心血。儘管古教授當時已經在《中國社會科學》、《文藝研究》、《文學評論》等刊物發表了相關論文，在這方面成果不少，但是蔡老師本著精益求精的方針，反覆與他通信商談書稿的修改，經過多次打磨與修改之後，最後形成了目前出版的書稿。記得那時我和蔡老師都住在人民大學校內，每次我去他家拜訪時，總是見到他在昏黃的檯燈下伏案看稿與改稿，聊天時也是談書稿的事。有時他對作者書稿的質量與修改很是著急與焦慮，我也只好安慰他幾句。

本叢書體現這樣的學術立場與宗旨。這就是：一、追求「究天人之際，通古今之變，成一家之言」的學術旨趣。每本書都以範疇的歷史演變與範疇的結構解析為基本框架，同時，立足於探討中國美學範疇的當代價值與當代轉化。作者在遵循基本體例的同時，又有著鮮明的個性與觀點，彰顯「和而不同」的學術自由精神。二、本著「萬物並育而不相害，道並行而不相悖」的兼容并包之襟懷，融會中西，將中國美學範疇與西方美學與文化相比較，盡量在比較中進行闡釋，避免全盤西化或者唯古是好的偏執態度。

　　值得一提的是，叢書的第一輯出版後，在二〇〇二年五月二十五日，叢書編委會與江西百花洲文藝出版社在中國人民大學中文系舉行了第一輯的出版座談會，當時在京的一些著名學者侯敏澤、葉朗、童慶炳、張少康、陳傳才，以及詹福瑞、韓經太、左東嶺、朱良志、張晶、張方等學者參加了座談會並作了發言，我也有幸與會。學者們充分肯定了這套叢書的出版對於推動中國美學的研究，有著積極的意義，認為這套書具有很高的學術水準。與會者讚揚這套書體現了古今融會、歷史的演變與範疇的解析相貫通的學術特色，同時也提出了中肯的意見。正是在這些鼓勵之下，叢書的編委會與作者經過五年的繼續努力，於二〇〇六年底出版了叢書第二輯的十本，即《美的考索》、《志情理：藝術的基元》、《正變・通變・新變》、《心物感應與情景交融》、《神思：藝術的精靈》、《大音希聲——妙悟的審美考察》、《虛實掩映之間》、《清淡美論辨析》、《雅論與雅俗之辨》、《藝味說》等。第二輯與第一輯相比，內容更加豐富，涉及中國美學與藝術的一些深層範疇，寫法愈加靈動，與藝術創作的結合也更加明顯。顯然，中國美學範疇研究的水平隨著叢書的推進也得到相應的提升。

　　從二〇〇六年叢書第二輯出版至今天，一晃又過去了十年。令人哀傷的是，蔡老師因病於二〇〇九年去世了。原先設想的出版三十本的計劃也終止了。在這十年中，中國美學範疇的研究有了很大的進展，比如將中國美學範疇與中國文化、中國哲學相連繫的論著問世不少，將中西美學範疇進行比較研究的成果也頗為可觀。但是這套叢書的學術價值歷經時間的考驗，不但沒有過時，相反更顯示出它的內在

價值與水平。時值當下對中國傳統文化與國學的研究與討論的熱潮，這套叢書的實事求是的治學態度，認真負責的撰寫精神，以及浸潤其中的追求人文與學術統一、古今融會、中西交融的學術立場，不追逐浮躁，潛心問學的心志，在當前越發彰顯其意義與價值。在當前研究中國美學的書系中，這套叢書的地位與價值是不可替代的，在今天再版，實在是大有必要。在這十年中，發生了許多變故，叢書的顧問王元化、王運熙先生，副主編陳良運先生，編委黃保真先生，作者郁沅先生等，以及當初關心與幫助過這套叢書的著名學者侯敏澤、童慶炳先生，還有責任編輯朱光甫先生，已經離世，令人傷懷。對於他們的辛勞與幫助，我們將永遠銘記在心。今天，這套叢書的再版，也蘊含著紀念這些先生的意義在內。

　　本次再版，百花洲文藝出版社本著弘揚優秀傳統文化的宗旨，經過與作者協商，在重新校訂與修訂的基礎之上，將原來的叢書出版，個別書目因各種原因，未納入再版系列。相信此次再版，將在原來的基礎之上，提升叢書的水平與質量。至於書中的不足，也有待讀者的批評與指正。

袁濟喜

二〇一六年十二月三十一日

總序

　　範疇，是對事物、現象的本質連繫的概括。範疇在認識過程中的作用，正如列寧所指出的，它「是區分過程中的梯級，即認識世界的過程中的梯級，是幫助我們認識和掌握自然現象之網的網上紐結」(《哲學筆記》)。人類的理論思維，如果不憑藉概念、範疇，是無法展開也無從表達的。美學範疇，同哲學範疇一樣，是理論思維的結晶和支點。一部美學史，在一定意義上也可以說是一部美學範疇發展史，新範疇的出現，舊範疇的衰歇，範疇含義的傳承、更新、嬗變，以及範疇體系的形成和演化，構成了美學史的基本內容。

　　中國傳統美學範疇，由於文化背景的特殊性，呈現出與西方美學範疇迥然不同的面貌，因而在世界美學史上具有獨特的價值。中國現代美學的建設，非常需要吸納融匯古代美學範疇中凝聚的審美認識的精粹。自二十世紀八十年代後期以來的十餘年中，美學範疇日益受到我國學界的重視，古代美學和古代文論的研究重心，在史的研究的基礎上，有逐漸向範疇研究和體系研究轉移的趨勢，這意味著學科研究的深化和推進，預計在二十一世紀這種趨勢還會進一步加強。到目前為止，研究美學、文藝學範疇的論文已大量湧現，專著也有多部問世，但嚴格地說，系統研究尚處在起步階段，發展的前景和開拓的空間是十分廣闊的。中國傳統美學範疇的特點是很突出的，根據現有的

研究成果，大致可以歸結為以下幾點：

一、多義性和模糊性。範疇中的大多數，古人從來沒有下過明確的定義或界說，因此，這些範疇就具有多種義項，其內涵和外延都是模糊的。如「境」這個範疇，就有好幾種含義。標榜「神韻」說的王士禎，卻缺乏對「神韻」一詞的任何明晰的解說。不僅對同一範疇不同的論者有不同的理解，同一個論者在不同的場合其用意也不盡相同。一個影響很大、出現頻率很高的範疇，使用者和接受者也只是仗著神而明之的體悟。

二、傳承性和變易性。範疇中的大多數，不限於一家一派，而是從創建以後便一代一代地傳承下去，成為歷代通行的範疇，但於其傳承的同時，範疇的內涵卻發生著歷史性的變化，後人不斷在舊的外殼中注入新義，大凡傳承愈久，變易就愈多，範疇的內涵也就變得十分複雜。如「興」這個範疇，始自孔子，本是屬於功能論的範疇，而後來又補充進「感興」、「興會」、「興寄」、「興托」等含義，則主要成為創作論的範疇了。

三、通貫性和互滲性。古代美學中有相當數量的範疇是帶有通貫性的，即貫通於審美活動的各個環節。如「氣」這個範疇，既屬本體論，又屬創作論；既屬作品論，也屬作家論，又屬批評、鑑賞論。至於各個範疇之間的互滲，如「趣」和「味」的互滲，「清」和「淡」的互滲，包括對立的互轉，如「巧」和「拙」的互轉，「生」和「熟」的互轉，就更加普遍。因而範疇之間千絲萬縷、交叉糾纏的關係，形成一個複雜的網絡。

　　四、直覺性和整體性。許多範疇是直覺思維的產物，其美學內涵究竟是什麼，只可意會，不可言傳。典型的例子如「味」這個範疇，什麼樣的作品是有滋味的，如何賞鑒作品才是品「味」，怎樣才是「辨於味」，「味外味」又何所指等等，都是不可能用言語來指實，只能是一種心領神會的直覺解悟。既然是直覺的，即不經過知性分析的，就必然是整體的把握。如風格論中的許多範疇，何謂「雄渾」，何謂「沖淡」，何謂「沉著痛快」，何謂「優游不迫」，都不可條分縷析。直覺性與模糊性無疑是有不可分割的連繫的。

　　五、靈活性和隨意性。漢語中存在大量的單音詞，其組合功能極強，一個單音詞和另一個單音詞組合便構成一個新的複音詞。中國古代美學利用組詞的靈活性，創建了許多新的範疇，如「韻」和「氣」組合構成「氣韻」，「韻」和「神」組成「神韻」，「韻」和「味」組成「韻味」，等等。而這種靈活性可以說達到了隨意的程度，一個主幹範疇能繁育滋生出一個龐大的範疇群或範疇系列，舉其極端的例子而言，如「氣」，不僅構成了「氣韻」、「氣象」、「氣勢」、「氣格」、「氣味」、「氣脈」、「氣骨」，還演化成「元氣」、「神氣」、「逸氣」、「奇氣」、「清氣」、「靜氣」、「老氣」、「客氣」、「屑氣」、「傖氣」、「山林氣」、「官場氣」等等，當然這些衍生的名稱未必都算得上範疇，但確有一部分上升到了範疇的地位。

　　上述這些傳統美學範疇的特點，也就是研究中的難點，要給予傳統美學範疇以現代詮釋，而不是以古釋古，難度是很大的。根本的問題在於古今思維方式的差異。我們現代的思維方式，基本上是採納了

西方的思維方式，因此在詮釋中很難找到對應的現代語彙，要將傳統美學範疇裝進現代邏輯的理論框架，便會感到方枘圓鑿，扞格難通。中國的傳統思維，經歷了不同於西方的發展道路，即沒有同原始思維決裂，相反地卻保留了原始思維的若干因素。我們不能同意西方某些人類學家的論斷，認為中國的傳統思維還停留在原始思維的水平。中國古人的理論思維在先秦時代已達到很高的水平，所保留的原始思維的痕跡，有些是合理的，保持了宇宙萬物的整體性和完整性，不以形式邏輯來切割肢解，是符合辯證法的原理的，在傳統美學範疇中也表現出這種長處。因此，研究中國美學範疇，必須結合古人的思維方式，連繫整個中國傳統文化的大背景來考察，庶幾能作出比較準確、接近原意的詮釋。範疇研究的深入自然會接觸到體系問題。中國古代美學家、文論家構築完整的理論體系者極少，但從範疇的整體來看是否構成了一個統一的體系呢？範疇的層次性是較為明顯的，如有些研究者區分為元範疇、核心範疇（或主幹範疇）、衍生範疇（或從屬範疇）等三個或更多的層次。但範疇之有無邏輯體系，研究者尚持有截然不同的觀點。我們傾向於首肯「潛體系」的說法，即範疇之間存在有機的連繫，範疇總體雖然沒有顯在的體系，卻可以探索出潛在的體系。但要將這種「潛體系」轉化為「顯體系」並非易事，因為這是兩種思維方式的轉換，轉換實際上是重建。有些研究者梳理整合出了一套範疇體系，只能是一家之言，是一種先行的試驗。由於對個別範疇還未研究深透，重建整個中國美學理論體系的條件就沒有完全成熟。於是我們萌發了一個構想，就是編輯一套「中國美學範疇叢書」，每一種

（或一對）範疇列一專題，寫成一本專著，對其美學內涵作詳盡的現代
詮釋，並盡量收全在其自身發展的不同歷史階段上的代表性用法和代
表性闡述，力爭通過歷史的評析揭示各範疇內涵邏輯展開的過程。「叢
書」選題主要是元範疇和核心範疇，也包括少量重要的衍生範疇，在
這些範疇之內涵蓋若干相關的次要範疇。這是對中國傳統美學範疇的
一次全面深入的調查，工程是浩大的、艱難的，但卻是意義深遠的，
它將為中國美學和中國文論的史的研究和體系研究打下堅實的基礎。

　　這一工程從一九八七年開始策劃，歷時十三年，得到許多中青年
學者的熱烈響應。更有幸的是，在世紀交替之年，獲得江西省新聞出
版局和百花洲文藝出版社領導的大力支持，在他們的努力下，「叢書」
被列入「十五」國家重點圖書出版規劃，「叢書」共計三十本，預定在
四年內分三輯出齊。為此組織了力量較強的編委會，投入了充足的人
力、物力、財力，力爭使「叢書」成為精品圖書。我們萬分感佩江西
出版部門充分估計「叢書」學術價值的識見和積極為文化建設做貢獻
的熱忱。最終的成果也許難以盡愜人意，但我們相信「叢書」的出版，
必將在中國美學範疇研究的長途跋涉中留下一串深深的足印。

蔡鍾翔

陳良運

二〇〇一年三月

提　內
要　容

　　本書分析了中國古代的「藝味」說（以「味」論「藝」的觀點和
有關範疇），以「美感」論為中心，較為系統地梳理了中國古代文藝理
論批評中的「味」論和有關範疇，具體考察了「味」這一審美範疇的
歷史的與邏輯的發展過程，並從這一獨特的研究角度，對中國古代的
藝術精神和審美理想作了闡述。在具體描述和分析「樂味」論、「詩味」
論、「詞味」論、「曲味」論、「書味」論、「畫味」論等歷史發展過程
時，也對重要的藝術理論家的「味」論，作了較為深入的論述，盡量
將縱向的歷史發展過程的論述與橫向的理論分析有機結合在一起，資
料翔實，立論平穩，是一部全面研究中國古代「藝味」說的學術專著。

目次

緒　論

　　中國的聖人孔子說過：「名不正，則言不順；言不順，則事不成。」（《論語》〈子路〉）運用「言」來表現思想觀念，離不開「概念」即所謂「名」（當然所謂「名」還包括一般意義上的名詞術語，孔子的原意更直接指向「禮」的規範性）。「思辨思維所特有的普遍形式，就是概念。」[1]而範疇指各門科學知識的基本概念，是「認識世界過程中的一些小階段，是幫助我們認識和掌握自然現象之網的網上紐結」（列寧語）。中國古代美學、文藝學（儘管中國古人並沒有使用「美學」「文藝學」之類的現代學科名稱，但仍然可以這樣看問題），有其自己的一系列獨特範疇，作為認識「美」（主要是藝術美）的「現象之網的網上紐結」，如「志」「和」「氣」「勢」「神」「韻」「悟」「形似」「神似」「風骨」「意境」等等，都是一些「基本概念」，所以可以稱之為美學「範疇」。而「味」就是這樣的範疇之一，它主要體現了不同時代、不

1　〔德〕黑格爾：《小邏輯》，賀麟譯，商務印書館1987年版，第48頁。按：「範疇」原出希臘文（kategoria），漢譯係取《尚書》〈洪範〉「九疇」之意。

同理論批評家對不同門類藝術的「美感」觀念和審美特性的認識，中國古代文藝理論批評中的「味」論，基本可以定位在「美感」論的中心範圍內加以分析研究。

　　日本知名學者笠原仲二著有《古代中國人的美意識》一書[2]，提出「古代中國人的美意識起源於味覺的感受性」這一觀點，但這一觀點是不正確的，本書最後一章將有分析討論。不知笠原先生的上述這一基本見解，是否受到了孟子把「口之於味也」置於其他感官之前來論説的順序的影響。其實孟子所謂「口之於味也，目之於色也，耳之於聲也，鼻之於臭也，四肢之於安佚也」（《孟子》〈盡心章句下〉）云云，並無「時間」上的先後之分，這正好説明，中國古代哲人對五官認識事物的不同性、區別性，是具有明確認識的。孟子之後的荀子對此也有許多論述，並在此基礎上提出了「心統五官」（説明了認識的感性與理性的統一性問題）的觀點。不過，笠原先生下述觀點基本是正確的，他説：「古希臘的哲人希庇阿斯説過，『視覺和聽覺所欲悦的東西，應該説是美的東西』。然而依據利普曼對此的註釋，由嗅、味、觸三覺所引起的官能快感，是作為動物的感覺而被貶斥在（藝術的）美的領域之外的。哈特曼也同樣把視、聽看作高等的感覺，而把香、味、觸看作低等的感覺。康德則認為：視、聽、觸三覺是『近於智慧之官』，嗅、味二覺是『近於機體之官』。與此相對，中國古代的人們，在這五覺（或者除觸覺之外的四覺）之間，沒有區別高卑、上下的審美價值觀念。」[3]在此，為了説明問題，我們可以對黑格爾的有關觀點作一點介紹和分析。

2　〔日〕笠原仲二：《古代中國人的美意識》，魏常海譯，北京大學出版社1987年版。

3　笠原仲二：《古代中國人的美意識》，第31-32頁。

　　黑格爾在《美學》中，明確地說：「藝術的感性事物只涉及視、聽兩個認識性的感覺，至於嗅覺、味覺和觸覺則完全與藝術欣賞無關。因為嗅覺、味覺和觸覺只涉及單純的物質和它的可直接用感官接觸的性質，例如嗅覺只涉及空氣中飛揚的物質，味覺只涉及溶解的物質，觸覺只涉及冷熱平滑等性質。因此，這三種感覺與藝術品無關，藝術品應保持它的實際獨立存在，不能與主體只發生單純的感官關係。這三種感覺的快感並不起於藝術的美。……這樣，在藝術裡，感性的東西是經過心靈化了，而心靈的東西也借感性化而顯現出來了。」[4]黑格爾這些論述是與他對「美」的本質認識聯繫在一起的，這要從他整個哲學思想的體系來把握，才能真正理解。黑格爾從他的哲學體系出發，認為對美可以下這樣的定義：「美就是理念的感性顯現。」他的這一定義，出於這樣一種思考：「感性的客觀因素在美裡並不保留它的獨立自在性，而是要把它的存在的直接性取消掉（或否定掉）」，「所以在它的這種客觀存在裡只有那使理念本身達到表現的方面才是概念的顯現。」——朱光潛先生對此加譯註說：「取消存在本身，只取存在所現的現象。例如畫馬，所給的不是馬的真實存在（不是活的真馬），只是馬的形象。這形象卻還是一種客觀存在。」因此在黑格爾看來，「知解力」是不可能掌握美的，「知解力總是困在有限的、片面的、不真實的事物裡。美本身卻是無限的，自由的。美的內容固然可以是特殊的，因而是有侷限的，但是這種內容在它的客觀存在中卻必須顯現為無限存在的整體，為自由，因為美通體是這樣的概念：「這概念並不超越它的客觀存在而和它處於片面的有限的抽象的對立，而是與它的客觀存在融合成為一體，由於這種本身固有的統一和完整，它本身就是

4　黑格爾：《美學》第一卷，朱光潛譯，商務印書館1984年版，第48-49頁。

無限的。」[5]黑格爾的美學是一種「認識論美學」，他把認識分為感性認識和理性認識，這是正確的，但他認為感性認識是低級的，只是對現成事物的「直接性」的認識，此時「思維」只是混沌的感覺表象，思維自身的運動，必然上升到理性階段，必然從低級到高級、從現象到本質，走向全面的普遍的認識。所以，黑格爾的美學也可以說是一種「邏輯概念」論的美學，是他的「絕對精神」論的體現，是他的「理念之自在自為」的科學。在黑格爾看來，「概念」的發展運動包含有「自在」「自為」的兩個階段。在「自在」的階段上，潛藏在概念中的對立保持著原始的同一性；在「自為」的階段上，潛藏在自在階段中對立矛盾，開始展開。在「概念」達到自身的對立統一的過程中，又必然經歷「正」（肯定）、「反」（否定）、「合」（否定之否定）三個辯證發展階段，而「絕對精神」也同樣具有這樣的辯證發展過程。——所謂「絕對精神」，乃是一種客觀唯心主義的宇宙精神、邏輯思維精神，整個自然界和人類社會一切領域的實在過程，就是「絕對精神」的自我運動、自我發展過程。

正是在這樣的哲學體系的思考裡，黑格爾否定了味覺、嗅覺、觸覺能夠作為審美感官的理由，批判了經驗主義的哲學思想。黑格爾在批判「以經驗為出發點」的經驗哲學時說：「所謂經驗是指直接的意識和抽象推理的意識而言。所以，這種要求就成為鼓勵思維進展的刺激，而思維進展的次序，總是超出那自然的、感覺的意識，超出自感覺材料而推論的意識，而提高到思維本身純粹不雜的要素，因此首先對經驗開始的狀態取一種疏遠的、否定的關係。這樣，在這些現象的普遍本質的理念裡，思維才得到自身的滿足。」接著他在對這段論述做

5　上列引文見黑格爾《美學》第一卷，第142、143頁。

出説明時，討論到「直接性與間接性在意識中的關係」説：「所以關於上帝以及其他一切超感官的東西的知識，本質上都包含有對感官的感覺或直觀的一種提高。此種超感官的知識，因此對於前階段的感覺具有一種否定的態度，這裡面就可以説是包含有間接性。因為間接過程是由一個起點而進展到第二點，所以第二點的達到只是基於從一個與它正相反對的事物出發。但不能因此就説關於上帝的知識的獨立性，本質上即是通過否定感官經驗與超感官而得到的。」「因為思維所以成為思維，全靠有感官材料，而且全靠消化，否定感官材料。」[6]從黑格爾的有關論述看，我們不難得出這樣的結論：在黑格爾看來，「美」，與「上帝」「自由」等一樣，不是感官能夠直接把握的，是「超感官的知識」，其「本質上都包含有對感官的感覺或直觀的一種提高」，所以他説：「有許多對象為經驗的知識所無法把握的，這就是：自由、精神和上帝。這些對象之所以不能在經驗科學領域內尋得，並不是由於它們與經驗無關。因為它們誠然不是感官所能經驗到的，但同樣也可以説，凡是在意識內的都是可以經驗的。這些對象之所以屬於另一範圍，乃因為它們的內容是無限的。」[7]與理性主義的哲學家、美學家黑格爾等這種認識論美學、「邏輯概念」論美學不同，在西方，英國一些經驗主義哲學家、美學家，也承認味覺感官是審美感官，味覺能夠「品嚐」美，至於西方的現代美學，更是指出審美中的「通感」心理的存在，而心理學科學對通感心理現象也有實驗性的研究（參閱本書附錄一文）；在中國，強調審美直覺的創造性特點，重視審美心理中的「通感」體驗，是中國古代美學的傳統特徵。

6　黑格爾：《小邏輯》〈導言〉，第52-53頁。

7　黑格爾：《小邏輯》〈導言〉，第47頁。

　　早在《文心雕龍》〈總術〉篇中，劉勰就説：「視之則錦繪，聽之則絲簧，味之則甘腴，佩之則芬芳，斷章之功，於斯盛矣。」這是從視覺、聽覺、味覺、嗅覺審美感官角度，對作品（「斷章」即「完篇」之意）審美境地提出的最高要求，已經涉及審美「通感」的問題。清代黃叔琳對劉勰此論評之曰：「四者兼之為難。可視可聽而不可味，尤不可嗅者，品下也。」（《文心雕龍輯注》）又如明陸時雍《詩鏡總論》曰：「李商隱七言律，氣韻香甘。唐季得此，所謂枇杷晚翠。」明公安派的代表袁中道（小修）在《宋元詩序》中曾説：「詩莫盛於唐，一出唐人之手，則覽之有色，扣之有聲，而嗅之若有香。」（《珂雪齋集》卷二）而明末清初的錢謙益撰有《香觀説書徐元嘆詩後》和《後香觀説書介立且公詩卷》（《牧齋有學集》）二文，主張「觀詩之法，用目觀不若用鼻觀」的觀點。不僅創造出能夠達到可味可嗅的審美境界的作品很難，而且就讀者而言，能夠體驗到優秀作品的味覺美、嗅覺美也是很難的。視覺和聽覺問題，容易理解，而對作品的審美鑑賞還要運用到味覺和嗅覺，比較難以把握。其實，有「味」就有「嗅」，味覺美和嗅覺美本身是難以分割的；而在藝術作品的審美鑑賞中，味覺美、嗅覺美又是從視覺美、聽覺美產生的。在審美活動過程中，人的審美意識，人的「五官感覺」是整體的、相互溝通的，是板塊式的有機統一。

　　為了説明「中國哲學的方法論」和「中國哲學家表達自己思想的方式」的特殊性，馮友蘭先生在《中國哲學簡史》中，曾引用美國諾思羅普（Filmer S.C.Noahrop）教授《東方直覺的哲學和西方科學的哲學互補的重點》一文中的觀點説：概念的主要類型有兩種，一種是用直覺（intuition）得到的，一種是用假設得到的：「用直覺得到的概念，是這樣一種概念，它表示某種直接領悟的東西，它的全部意義是某種

直接領悟的東西給予的。『藍』，作為感覺到的顏色，就是一個用直覺得到的概念。……用假設得到的概念，是這樣一種概念，它出現在某個演繹理論中，它的全部意義是由這個演繹理論的各個假設所指定的。……『藍』在電磁理論中波長數目的意義上，就是一個用假設得到的概念。」[8]所謂「假設」得到的概念，也可以說，就是一種「邏輯概念」、分析的「概念」。能不能說東方的哲學、中國古代的哲學所用的概念都是或多是「直覺概念」，這裡不敢妄言，但中國古代哲學、美學中的「味」這一範疇，卻是屬於「直覺概念」。「味」這一「直覺概念」，在文藝理論批評中的廣泛運用，是與中國古人的直觀體驗的思維方式密不可分的，體現了中國古代獨特的審美意識、藝術觀念和文化精神。

在清康熙五十年（1711）編成的以供寫作資鑒、採摭的大型類書《佩文韻府》中，共列舉二三〇多條「味」的語詞，仔細閱讀這些語詞和使用的範例，就會發現這些「味」的語詞有些是屬於文藝理論批評中的術語、概念（或範疇）——其中少數是在文藝理論批評中首先使用的（如「句味」「辭味」「味外味」等），而大多數是屬於借用或者說移用過來的（如「遺味」「異味」「奇味」「滋味」等）。這二三〇多條語詞，多數直接與中國古代的飲食文化相關（如「品味」「旨味」「淡味」「酪味」「稻粱味」「蟹螯味」「山林味」「勺藥味」「羹藜味」「蔬味」等），一些與中國古代的「陰陽五行」學說相關（如「五味」「四味」「甘味」「金味」等），一些直接與中國儒家的禮樂、祭祀文化相關（如「褻味」「饗味」「致味」「餘味」「太牢味」等），還有一些直接與佛教、道教、道家、玄學思想相關等（如「道味」「無味」「義味」「至味」

8　　馮友蘭：《中國哲學簡史》，涂又光譯，北京大學出版社1985年版，第28-29頁。

「理味」「芻豢味」「仙味」「佛味」「定味」「忘味」「須陀味」「全味」「幽居味」「山僧味」等），這些正可以啟發我們從這些方面來探究「味」是如何由食物之「味」而形成為美學範疇的過程和原因。「味」形成為美學範疇，確實是與人們對品嚐飲食的美味和品鑑藝術的美感具有共同性特點的認識分不開的，這種共同性特點主要就是經驗性、體驗性，是直覺得到的，是可以意會而難以言傳的，所以說，「味」是一種審美的「直覺概念」。

關於本書的內容結構與研究方法問題，全書分析中國古代的「藝味」說（以「味」論「藝」的觀點和有關範疇），主要以「藝味」說的邏輯發展過程（從其發端、形成到發展和總結）為重心，從「藝味」說的整體角度著眼，考察「味」的概念（範疇）的歷史的與邏輯的發展過程，在具體描述和分析「樂味」論、「詩味」論（包括「詞味」論）、「曲味」論、「書味」論、「畫味」論等歷史發展過程時，其中也對重要的藝術理論家的「味」論作了較為深入的論述，並對相關範疇如「趣」等作了分析，盡量將縱向的歷史發展過程的論述與橫向的理論分析有機結合在一起；不過，這種論述和分析仍然是十分粗略的。從整體角度來探討詩、書、畫、樂等藝術理論批評中「味」論的專著，迄今尚未見之，因此，把這本小書叫作「藝味說」，不過這一研究僅僅是概論性的，稱之為「藝味說略論」，更為恰當。

第一章

「藝味」說的發端與儒道思想

　　從整體角度說，古人觀物取象、直覺認知的方式，是以「味」論「藝」的思維方式，就「藝味」說的發端而言，這是最為重要的原因；古代思想家、文藝理論批評家對審美通感心理的發現與論述，是「藝味」說的重要審美心理基礎；古代豐富的飲食文化及其理論觀念，是「藝味」說的重要的文化背景和產生土壤；而「藝味」說的主要哲學思想基礎，就是儒家和道家的思想以及後來的佛教思想；當然，古代的樂、詩、書、畫等各種藝術創作本身，既是「藝味」說的理論研究和批評論述的對象，同時也是其文藝理論批評得以提煉出種種「味」的美學範疇的直接的根基，下文各章節的論述也力圖與文藝發展史結合起來進行分析。研究古代中國人的美意識（美感）的起源和審美觀念的發展，不能僅僅著眼於「美」這個詞（字），暫且撇開這個話題不談，問題在於：「味」是如何成為一個哲學範疇、美學範疇的？這是研究「味」這一美學範疇、研究中國古代「藝味」說的首要問題。本章

將首先從「陰陽五行」說與「聲亦如味」論的關係角度，對此問題作出探討；接著本章還將論述儒家的「和味」論和道家的「無味」論及其對後代的重大影響問題；最後本章將較為詳細地討論《禮記》〈樂記〉中的「遺音遺味」說的淵源與發展問題。〈樂記〉繼承和發展了先秦時期的儒家及其他各家有關音樂的理論觀念，建立起相當完備的儒家音樂思想體系，影響要的內涵。李澤厚、劉綱紀《中國美學史》指出：「對於這種同味、聲、了其後兩千多年音樂藝術及其理論批評的發展。其「遺音遺味」說，成為後代論音樂「雅淡」之味的思想源頭；另外，「遺味」說又是後代劉勰提出的「餘味」論的前奏，而「餘味」論可謂是司空圖提出「味外之旨」（即「味外味」）論的先導。

第一節　「聲亦如味」論的產生

在先秦時期，「味」與藝術聯繫起來，與藝術的審美特性聯繫起來，首先體現在音樂理論觀念中——產生了「聲亦如味」（《左傳》〈昭公二十年〉）這一理論命題。「聲亦如味」的「如」字，不僅僅是簡單的「比喻」論，乃是源發於原始的宇宙結構系統論而產生的一種「類比」論；「聲亦如味」論是先秦時期「陰陽五行」學說的產物，它的核心精神就是「和諧」；換句話說，「和諧」的美感就是中國古代「樂味」論的最為重色的直觀感受相聯繫的美，孔子之前的一些思想家都力圖要用當時開始流行的陰陽五行的學說去加以解釋。」[1]所論甚是。

一、「陰陽五行」說的歷史發展與「聲亦如味」論的提出

「陰陽」和「五行」的觀念本來是獨立發生的，後來才合而為一，

1　李澤厚、劉綱紀：《中國美學史》（先秦兩漢編），安徽文藝出版社1999年版，第77頁。

成為一個「整體」的學說。就可靠史料記載來說，「五行」學說產生於
殷周之際（就其觀念的起源而言，當早於此時），最早出現在《尚書》
〈洪範〉中，被列為「九疇」法則的第一大法[2]。「五行」說是原始人類
的直觀類比思維方式的一種發展，是中國古代哲人對宇宙萬物的起源
和結構系統的一種理論解說，它具有原始的唯物主義精神和樸素的辯
證法思想。通過「五行」學說，就把「五味」與「五聲（音）」「五色」
等聯繫到一起，從而成為一個統一的理論系統。所以，在老子和孔子
之前，「味」成為一個哲學的和美學的範疇，是從古代的「五行」說開
始的，而且道家的「無味」論、儒家的「和味」論的提出，也是由此
衍生拓展出來的。

1. 《尚書》〈洪範〉「五行」說與「五味」說

《尚書》〈洪範〉記載，周武王向箕子請教治國之道，箕子回答說：
「我聞在昔，鯀堙洪水，汩陳其五行。帝乃震怒，不畀洪範九疇，彝倫
攸斁。鯀則殛死，禹乃嗣興。天乃錫禹洪範九疇，彝倫攸敘。」這「九
疇」大法第一法則就是「五行」，並解釋說：「五行：一曰水，二曰火，
三曰木，四曰金，五曰土。水曰潤下，火曰炎上，木曰曲直，金曰從
革，土爰稼穡。潤下作咸，炎上作苦，曲直作酸，從革作辛，稼穡作
甘。」（《十三經註疏》本）透過這一記載的神權思想和原始神話的外
衣，我們可以發現，「五行」說乃是我們華夏民族的祖先在認識自然並
與自然災害（洪水）作鬥爭的實踐過程中產生的。

有學者分析說：「五行思想的產生，有其深刻的歷史根源。文明的
前夕，崇伯鯀『汩陳其五行』（《尚書》〈洪範〉），又招致治水鬥爭的

2　關於「五行」學說的起源問題，學術界有不同的意見，比較早的說法，認為起源於黃
　帝；比較晚的說法，認為西漢時代才產生。可參考周桂鈿《秦漢思想史》第587-591
　頁中的論述，河北人民出版社2000年版。

重大失敗；國家起源後，有扈氏『威侮五行』（《尚書》〈甘誓〉），又造成國家經濟的嚴重破壞。夏統治者為了鞏固並占有治水平土的勝利成果，便把『五行』列為根本大法，並專門設立經常管理水、火、木、金、土等五個部門的『職官五正』（《左傳》〈定公四年〉）。這樣，由於治水鬥爭的客觀要求和奴隸制國家的政治經濟利益，『五行之官』和五行思想就被法典化、神聖化，成為『是尊是奉』、不可違犯的歷史傳統。」[3]《尚書》〈洪範〉篇的「五行」說雖然還沒有「五行生剋」的內容，但已經相當系統化，說明這一觀念起源應該很早，可能在夏商之際。《尚書》〈洪範〉篇的「五行」說，已經包孕了宇宙萬物既具有差異性又具有普遍聯繫性的思想，這就是一種客觀規律，人類違背它，就會受到懲罰；因勢順導、認識它、利用它，就會得到其利益。「五行」說最初的本義主要在於說明宇宙是一種和諧、有序的結構系統，而「人」存在於宇宙之中，本身就是構成這種和諧有序的結構系統的「成分」。因而從這個角度說，「五行」說也是中國古代「天人合一」思想的發端。但《尚書》〈洪範〉「五行」學說，畢竟還是比較樸素的，其中，「五行」與「五味」的關係，可以列表表示如下：

五行	水	火	木	金	土
五行元素特點或功能	潤下	炎上	曲直	從革	稼穡
五味	咸	苦	酸	辛	甘

此後，這種樸素的「五行」說，與「陰陽」說合流，形成「陰陽五行」學說，其理論內容也日益豐富發展，特別是五行「生剋」觀念的形成，使這一學說更加完善和體系化了。在此過程中，先秦和秦漢

3　肖萐父、李錦全主編：《中國哲學史》上冊，人民出版社1982年版，第36頁註釋第1條。

時期的人們，逐步把「五行」與「五色」「五聲（音）」「五臟」「五方」「四季」等聯繫起來，成為中國古代「自然科學」的理論基礎，如「陰陽五行」學說對中醫學、月曆的研究，就是非常重要的，就此而言，「陰陽五行」學說仍然具有重要的科學價值（例如在醫學方面）；而且還把「陰陽五行」與五帝聯繫起來，與社會歷史發展興衰更迭聯繫起來，形成一種唯心主義的歷史循環論史觀，這在歷史上也產生過一定的積極意義。

2. 從「和同」論到「和五味以調口」「和六律以聰耳」論

「和諧」是《尚書》〈洪範〉「五行」說的核心精神，但在其理論的表述中畢竟沒有出現「和」「和五味」的名詞概念。西週末年太史史伯提出的「和實生物」論，是對原始「五行」說的重要發展，其「和五味以調口」的「和味」論等，已經開始把「聲」和「味」聯繫起來。《國語》〈鄭語〉記載：

（鄭桓公問史伯）曰：「周其弊乎？」對曰：「殆必弊者也。《泰誓》曰：『民之所欲，天必從之。』今王棄高明昭顯，而好讒慝暗昧；惡角犀豐盈，而近頑童窮固，去和而取同。夫和實生物，同則不繼。以他平他謂之和，故能豐長而物歸之；若以同裨同，盡乃棄矣。故先王以土與金、木、水、火雜，以成百物。是以和五味以調口，剛四支以衛體，和六律以聰耳，正七體以役心，平八索以成人，建九紀以立純德，合十數以訓百體、出千品、具萬方、計億事、材兆物、收經入，行極。故王者居九之田，收經入以食兆民，周訓而能用之，和樂如一。夫如是，和之至也。於是乎先王聘後於異姓，求財於有方，擇臣取諫工而講以多物，務和同也。聲一無聽，物一無文，味一無果，物

一不講。王將棄是類也，而與專同。天奪之明，欲無弊，得乎？」[4]

　　這段話，主要從「和同」論的角度闡述了治國的道理，説明「同」不是「和」，如果「去和而取同」，就會造成「物一不講」的「專」的政治局面，專斷獨行，就會亡國。史伯認為「先王以土與金、木、水、火雜，以成百物」，這就把「五行」説由《尚書》〈洪範〉篇的宇宙和諧有序的結構系統論，進一步發展為宇宙的起源論，捨棄了「帝」「天」建立「洪範九疇」的神權思想與天命觀念[5]，明確提出「和」的範疇，論述了「和而不同」的道理。從現代哲學和美學進行反觀，史伯説的「和」不僅是一個哲學範疇，也已經是一個美學範疇了。

　　就哲學角度而言，史伯具體解釋了「和」與「同」的含義，所謂「同」，就是絕對的「單一」，土是土、金是金，「以同裨同」猶如以金加金，仍然是金，就不能「生」出「百物」；所謂「和」，就是「五行」的統一，「以他平他謂之和」，是不同物質元素的合成，所以能「以成百物」。而「百物」的和諧統一，構成新的「一」；這個「一」，不是絕對的「單一」，而是萬物和諧有序的「整體」，所謂「和樂如一」。所以「和」不等於「同」，不等於「單一」，「和實生物，同則不繼」，這既是宇宙（自然）的發生發展也是社會的發生發展的規律，把自然和社會的發展視為一種「矛盾的統一」，這種思想在一定程度上正是周王朝

4　《國語》〈戰國策〉合刊本，岳麓書社1988年版。按：本書根據本叢書體例與註釋要求，凡徵引古籍一般於第一次引用時，註明版本，一律不注頁碼，其後直接於文中註明出處，或直接於文中註明版本。

5　史伯雖也引用《泰誓》所謂「民之所欲，天必從之」的話，但從他後面「天奪之命」等論説來看，「天」的內在含義，明顯已經向「自然」意義的方向演化了，與〈洪範〉把「帝」和「天」聯繫起來論述不同，在《尚書》〈洪範〉「五行」説中，把「天」和「帝」（天帝）等同起來，就明顯具有原始宗教觀念。

的封建等級制度的反映。

就美學角度而言，從上面的「五行」論與「和而不同」論出發，史伯的論述也涉及「和五味以調口」「和六律以聰耳」的審美和諧觀念問題。所謂「聲一無聽」，音樂的美感在於「六律」的和諧，如果只是「單一」的聲音，就是「無聽」，沒有美感；「味一無果」，飲食的滋味在於「五味」的和諧，如果只是「單一」的味道，就是「無果」，沒有美味；正如《周易》〈繫辭下〉所說「物相雜為文」[6]，所以說「物一無文」，這個「文」，是由雜多的「百物」形成的「美」，如果只有「單一」之物，就是「無文」，就沒有百物「豐長」了。這裡值得我們注意的是，史伯說「聲一無聽」「味一無果」的排比論述，已經直接為「聲亦如味」的命題奠定了基礎，其中關於「一」和「多」的關係的論述，也為後代這一藝術哲學論題奠定了基礎。

3.從「五行」說和「陰陽」說的合流到「聲亦如味」論的提出

「陰陽」觀念的起源也很早，《詩經》〈公劉〉就有「相其陰陽，觀其流泉」的詩句；《尚書》〈周官〉載有「論道經邦，燮理陰陽」的話。至於《易經》八卦的兩個基本符號「—」「--」，是否從一開始就是指陽符和陰符，還是從「一」和「八」的占卜數字演變而來，然後才固定指陰陽之意的，學術界還有爭論。《國語》〈周語〉記載，西周「幽王二年」（西元前780年），「三川皆震」，當時伯陽甫曾用「陰陽」說來解釋這種自然現象，以此推論周將滅亡，此時，「陰陽」已經成為哲學

---

6 許慎《說文解字》釋「文」曰：「錯畫也，象交文，凡文之屬皆從文。」段注曰：「《考工記》：青與赤謂之文，遺畫之一耑也。遺畫者，文之本義；彣彰者，彣之本義，義不同也。黃帝之史倉頡，見鳥獸遞远之跡，知分理之可相別異也。初造書契，依類象形，故謂之文。」〔清〕段玉裁：《說文解字注》，上海古籍出版社1981年版，第425頁。

範疇了。伯陽甫曰：

> 周將亡矣！夫天地之氣，不失其序，若過其序，民亂之。陽伏而不能出，陰迫而不能烝，於是有地震，今三川實震，是陽失其所而鎮陰也。陽失而在陰，川源必塞，源塞，國必亡。夫水土演而民用也。水土無所演，民乏財用，不亡何待？昔伊、洛竭而夏亡，河竭而商亡。今周德若二代之季矣，其川源又塞，塞必竭。夫國必依山川，山崩川竭，亡之徵也。川竭，山必崩。若國亡不過十年，數之紀也。夫天之所棄，不過其紀。（《國語》〈周語上〉）

所謂「天地之氣，不失其序」，聯繫下文的「陰陽」說看，就是認為宇宙萬物是由陰陽二氣構成的一種和諧有「序」的結構，這一方面與史伯的「和同」論、「五行」說有相同的和諧觀念和矛盾觀念，另一方面，把「五行」說的物質元素構成論抽象化為陰陽二「氣」，強調了「陰」和「陽」的對立統一性，更具思辨色彩。這種「陰陽」對立互補論，深化了「五行」說的和諧思想，對春秋戰國時代的「樂味」論產生了重要影響。《左傳》〈昭公二十年〉記載晏嬰（？-前500）與齊侯論「和同」問題，明確把「味」與音樂聯繫起來：

> 公（齊侯）曰：「和與同異乎？」對曰：「異。和如羹焉，水、火、醢、醯、鹽、梅，以烹魚肉，燀之以薪，宰夫和之，齊之以味，濟其不及，以洩其過。君子食之，以平其心。君臣亦然。所謂可而有否焉，臣獻其否以成其可；君所謂否而有可焉，臣獻其可以去其否，是以政平而不干，民無爭心。故《詩》曰：『亦有和羹，既戒既平。鬷嘏無言，時靡有爭。』先王之濟五味、和五聲也，以平其心，成其政也。

聲亦如味，一氣，二體，三類，四物，五聲，六律，七音，八風，九歌，以相成也；清濁、小大，短長、疾徐，哀樂、剛柔，遲速、高下，出入、周疏，以相濟也。君子聽之，以平其心。心平，德和。故《詩》曰：『德音不瑕』。今據不然。君所謂可，據亦曰可；君所謂否，據亦曰否。若以水濟水，誰能食之？若琴瑟之專一，誰能聽之？同之不可也如是。」（《春秋左傳正義》，《十三經註疏》本）

　　「聲亦如味」這一命題提出來了，對此下文詳細分析。在這一段論述中，「和而不同」是其思想主旨，但明顯比史伯的論述更加細密深刻，特別是晏子提出了「清濁、小大，短長、疾徐，哀樂、剛柔，遲速、高下，出入、周疏」這些相對立的概念，這些概念，應該是在「陰陽」說的影響下產生的。因為從《尚書》〈洪範〉中的「五行」說和史伯的「和同」論來看，是只講「萬物」的和諧，並沒有提出這種「矛盾」的對立統一性思想。春秋時期，和晏子差不多為同時代的樂官伶州鳩（或作泠州鳩），就明確用「陰陽」說來論述音樂的特性，所謂「氣無滯陰，亦無散陽，陰陽序次，風雨時至，嘉生繁祉，人民和利，物備而樂成，上下不罷，故曰樂正」（《國語》〈周語下〉）云云，這說明春秋時期，「陰陽」說和「五行」說已經開始「合流」了，並被用來解釋自然和社會現象。「陰陽」這種二元對立的思想的流行，形成了一系列的對立概念（範疇）的產生，如《老子》對「道」的論說，揭示萬物「負陰而抱陽」的特點（《老子》一書可能在伶州鳩以前就產生）。又如《左傳》〈昭公三十二年〉記載，晉國大夫史墨（答趙簡子問）曰：「物生有兩、有三、有五、有陪貳。故天有三辰，地有五行，體有左右，各有妃（配）耦，……社稷無常奉，君臣無常位，自古以然。故《詩》曰：『高岸為谷，深谷為陵。』」「五行」與「物生有兩」思想之

所以得以結合，就是「陰陽」說的發展而產生的思想果實。

二、「聲亦如味」的理論「原點」與「審樂知政」的批評傳統及其與儒家、道家「樂味」論的關係

如果我們把「聲亦如味」論僅僅視為古人用飲食的「滋味」比喻音樂的和諧美感，就沒有能夠真正理解其內在的思想意義；其實，從其對於後代的「藝味」說的影響來看，這實在是一個重要的理論命題，所以我們需要對「聲亦如味」論本來內涵及其在邏輯上所包孕的並為後代所開闢的理論意義作出分析。

1. 「聲亦如味」論的「原點」分析

《尚書》《左傳》等經典記載了孔子以前不少古代哲人關於音樂藝術等的論述，由於這些著作都被視為儒家的經典文獻，歷來都被作為儒家思想來看待，其中不少思想觀點，又被吸收到漢代人編選的〈樂記〉等儒家著作中。例如我們要分析《禮記》〈樂記〉的音樂理論觀點，如其提出的「遺音遺味」「審樂以知政」等重要觀點，就必須從這些古人的言論中找源頭；又如分析道家的「無味」「淡味」論，也就可以從這些古人的言論中找到其思想的發端和共同點。有關問題是相當複雜的，這裡只是聯繫有關「樂味」論的觀點，稍作分析。

《禮記》〈禮運〉認為社會有兩個形態，就是「天下為公」的「大同」社會和「天下為家」的「小康」社會。遠古聖賢治世就是大同社會，大同社會由於私有制的產生而解體，產生了小康社會，所以要講「禮樂治國」，返古到聖賢治世即大同社會。如何治國、如何達到理想社會？《禮記》〈大學〉提出了「三綱八目」的一套封建倫理政治學說和方法：所謂「三綱」就是〈大學〉開篇說的：「大學之道，在明明德，在親民，在止於至善」；所謂「八目」就是實現「大學之道」的八個步驟，〈大學〉云：

古之慾明明德於天下者，先治其國；欲治其國者，先齊其家；欲
齊其家者，先修其身；欲修其身者，先正其心；欲正其心者，先誠其
意；欲誠其意者，先致其知；致知在格物。物格而後知至，知至而後
意誠，意誠而後心正，心正而後身修，身修而後家齊，家齊而後國
治，國治而後天下平。（《十三經註疏》本）

從這套中國古代知識分子講了兩千多年的「修齊治平」學說中，
我們可以看到，「天下平」的理論上的出發點在於「格物致知」，而只
有「心正意誠」的主體才能夠去「格物致知」，去「齊家治國」，因此
主體（人）是關鍵，主體如何才能「心正意誠」，這就需要「修身」，
前人把〈大學〉的這套學說概括為「修齊治平」，實在是非常準確，也
就是說：「修身」是「三綱八目」說的理論「原點」，所以〈大學〉說：
「自天子以致於庶人，一是皆以修身為本。其本亂而末治者否矣。其所
厚者薄，而其所薄者厚，未之有也。此謂知本，此謂知之至也。」如何
「修身」？用一句話來概括就是「以道制欲」[7]。從一定意義上說，儒家
思想和道家思想不僅具有「互補」性，而且在其理論的「原點」上還
有共同性，「修身為本」與「以道制欲」，就是這種「原點」之一，只
是其修身的方法和所制「欲」之「道」有不同而已。道家講「虛靜」
以觀物、「心齋」以體「道」，也是一種「修身」。而這種「修身為本」
與「以道制欲」的思想，正可以從伯陽甫、單穆公、伶州鳩等人的論
述中找到其共同的思想觀念，而這也是晏子「聲亦如味」論的思想「原
點」。

---

7 「以道制欲」論，雖然其「命題」明確提出見於《荀子》〈樂論〉，但其思想觀念淵
　源很早。這裡只是把這一命題用來作為對當時這種思想的一種概括。

　　晏子繼承了史伯的「和而不同」論的觀點，但明顯其理論的出發點有所不同，而且在思辨的理論深度上有所發展：

　　首先，從飲食滋味論出發，提出了「濟洩」論，這就把「用中」的觀念引入了「和同」論。所謂「……宰夫和之，齊之以味，濟其不及，以洩其過」，因為「過猶不及」，「過」而「洩」之，「不及」而「濟」之，這就是執其兩端而用其「中」的用「中」、尚「中」思想，可以說，古代「藝味」說所提出的「中和」之味的美學觀念，在晏子的論說中已經有了較為明確的論說。晏子是春秋時齊國的大夫，卒於西元前五〇〇年，時孔子五十一歲。晏子所謂「宰夫和之，齊之以味」的「和味」論，也是儒家的「樂味」論、「詩味」論的主要審美標準，在《論語》中也有重要闡述。其次，晏子的「和同」論，不僅繼承「五行」和諧、「百物」和諧的思想，而且還引入了明確的二元對立的思想觀念來論證事物的「相濟」性，「清濁、小大，短長、疾徐，哀樂、剛柔，遲速、高下，出入、周疏，以相濟也」，也成為其後「樂味」論和「詩味」論所包孕的主要美學內涵。而這些對立的概念，在老莊的著作中有十分深入的闡說，對後代文藝思想產生了重大影響。

　　最後，就是關於「聲亦如味」的理論「原點」問題。通過上文對〈大學〉的「修齊治平」學說的簡要解剖，由此來反觀上引晏子論說，我們就能夠清楚地認識到其論「和同」，是從「治國」的倫理政治方針出發的，「成其政」既是其出發點也是其論述的目的，而實現這一目的的途徑就是「修身」，而人有各種感性的慾望，獲得各種感性慾望的滿足是人性的需要也是人性的弱點，特別是治國的「君臣」，如果過度追求自己感性慾望的滿足，就自然會導致喪德敗國的結果。因此，「成其政」的理論上的「基點」，在於「平其心」，簡單地講，就是「節慾」，所以修身節慾，就是晏子「聲亦如味」論的理論「原點」。

2. 從「聲亦如味」論、「陰陽五行」學說的發展看「儒家」對音樂與政治等關係的論述

伯陽甫用「陰陽」說來解釋地震現象、預料西周必亡無疑是一種歷史唯心主義；但伯陽甫的話最後應驗了，所謂「是歲也，三川竭，岐山崩。十一年，幽王乃滅，周乃東遷」（《國語》〈周語上〉）。其後鄒衍的「五德始終」說正是這種歷史觀念的發展。從西周到春秋時期，「樂味」論的產生不僅密切地與「陰陽五行」學說聯繫在一起，而且早就把音樂與倫理政治結合在一起。

周景王二十三年（西元前522年），「王將鑄無射，而為之大林」，受到單穆公的勸諫，又受到王朝樂官伶州鳩婉諷，伶州鳩說了這樣一段話：

> 夫政象樂，樂從和，和從平。聲以和樂，律以平聲。金石以動之，絲竹以行之，詩以道之，歌以詠之，匏以宣之，瓦以贊之，革木以節之，物得其常曰樂極，極之所集曰聲，聲應相保曰和，細大不逾曰平。如是，而鑄之金，磨之石，系之絲木，越之匏竹，節之鼓而行之，以遂八風。於是乎氣無滯陰，亦無散陽，陰陽序次，風雨時至，嘉生繁祉，人民和利，物備而樂成，上下不罷，故曰樂正。今細過其主妨於正，用物過度妨於財，正害財匱妨於樂，細抑大陵，不容於耳，非和也。聽聲越遠，非平也。妨正匱財，聲不和平，非宗官之所司也。（《國語》〈周語下〉）

這種思想發展到《毛詩序》和《禮記》〈樂記〉中，就形成了比較系統的「審樂知政」的傳統，到了魏晉時期，受到了嵇康等人的猛烈批判，但其思想，終封建時代也未消歇。伶州鳩的這段論述具有濃厚

的「天人感應」思想，在他看來，音樂的功能非常之大，而且其「平和」的音樂特性，乃是一種「先在性」的存在，無射大鐘尚沒有鑄造，伶州鳩就斷定其鐘聲必「不和」，因為「細過其主妨於正，用物過度妨於財，正害財匱妨於樂」，這樣就不能使「氣無滯陰，亦無散陽，陰陽序次，風雨時至」，所以人民就會哀怨，國家就會走向滅亡之路。伶州鳩的話後來得到驗證：「王不聽，卒鑄大鐘。二十四年，鐘成，伶人告和。……二十五年，王崩，鍾不和。」為什麼「不和」？因為「上作器，民備樂之，則為和。今財亡民罷，莫不怨恨，臣不知其和也。且民所曹好，鮮其不濟也。其所曹惡，鮮其不廢也。」其實，如果我們把伶州鳩這種「倒立的」因果論述暫置一邊，他的思想是具有積極的進步意義和批判意義的，將批判的矛頭直接指向景王「修身」的無德：

> 夫有和平之聲，則有蕃殖之財。於是乎道之以中德，詠之以中音，德音不愆，以合神人，神是以寧，民是以聽。若夫匱財用，罷民力，以逞淫心，聽之不和，比之不度，無益於教，而離民怒神，非臣之所聞也。（《國語》〈周語下〉）

從這裡，我們可以看到，先秦（乃至兩漢）時期的「樂味」論，始終與「陰陽五行」學說結合在一起，音樂之「和平」美感，又與君臣的個人「修身」之德、國家治亂之兆聯繫在一起。可見，在先秦早期的「樂味」論中，具有美善一體的理論內涵。而且，正是由此形成了延續後世的「審樂知政」的批評傳統。所謂「道之以中德，詠之以中音」，「神是以寧，民是以聽」云云，這是一種典型的「天人感應」思想，而其論述的一個重要「原點」，仍然是我們前文說過的「修身節慾」的問題。所以，除開「陰陽五行」體系中的「五帝」等方面的內

容，就「樂味」論而言，我們更重要的是要瞭解「五味」「五音」等相互匹配的體系性。

三、從「聲亦如味」論與「陰陽五行」學說的關係看我國古代「藝味」說的生理心理論

如果說我國古代「藝味」說的主要思想基礎是儒家和道家的思想，特別是儒家的「和味」論和道家的「無味」論、「淡味」論的話，那麼我國古代思想家和醫學家對人的生理和心理的分析，以及古代思想家、文藝理論批評家對審美通感心理的發現與論述，就是「藝味」說從發端直到成熟發展時期的具有科學性的審美心理論的基礎，為了進一步分析上述晏子「聲亦如味」論的理論「原點」問題，略述春秋晚期子產（？-前522）、醫和（春秋秦國名醫）等有關這方面的觀點。

《左傳》〈昭西元年〉記載，晉侯（平公姬彪）主要因為縱慾而生病，「鄭伯使公孫僑如晉聘，且問疾」。子產（公孫僑）首先否定了鬼神作祟的原因[8]，然後指出：「君子有四時：朝以聽政，晝以訪問，夕以修令，夜以安身。於是乎節宣其氣，勿使有所壅閉湫底，以露其體，茲心不爽，而昏亂百度。今無乃一之，則生疾矣。」在子產看來，晉侯的疾病其實是因為不遵「四時」造成的，不能節慾修身，對自己的生命之「氣」（本於自然之氣）加以適當「節」制和「宣」洩，使自己的五官功能失調，從「陰陽五行」學說講，就是五行失和，陰陽不諧，所以會「昏亂百度」（參見《左傳》〈昭公二十五年〉中子大叔回答趙簡子問禮所引子產的論述）。其後，「晉侯求醫於秦，秦伯使醫和視之」，醫和診斷後，認為晉侯近「女室」而過度，病入膏肓，已經無

---

8 子產具有唯物思想，曾提出著名的「天道遠，人道邇，非所及也，何以知之」的觀點，否定了宋、衛、陳、鄭國都火災是上天之警告的「天人感應」論（《左傳》〈昭公十八年〉）。

治。晉侯問醫和說：「女不可近乎？」醫和答曰：可以「近」但要「節之」：

先王之樂，所以節百事也，故有五節；遲速本末以相及，中聲以降。五降之後，不容彈矣。於是有煩手淫聲，慆堙心耳，乃忘平和，君子弗聽也。物亦如之。至於煩，乃舍也已，無以生疾。君子之近琴瑟，以儀節也，非以慆心也。天有六氣，降生五味，發為五色，徵為五聲。淫生六疾。六氣曰陰、陽、風、雨、晦、明也，分為四時，序為五節，過則為菑，陰淫寒疾，陽淫熱疾，風淫末疾（引按：「末」指身體的四肢），雨淫腹疾，晦淫惑疾，明淫心疾。女，陽物而晦時，淫則生內熱惑蠱之疾。今君不節、不時，能無及此乎？（《左傳》〈昭西元年〉）

根據《國語》〈晉語八〉所載「師曠論樂」一則關於「平公說新聲」的記載，可以證明晉平公也喜好追求所謂「煩手淫聲，慆堙心耳，乃忘平和」的新樂（與節奏較為緩慢的雅頌之樂不同），在醫和看來，大概「新聲」的特點就是節奏較快，對人的感官刺激性較強，這是和過度追求「女室」的道理是一樣的。醫和從修身節慾的角度出發，把「六氣」「四時」「五節」「五味」「五色」「五聲」聯繫起來，這套醫學思想正是以「陰陽五行」學說為其理論基礎的，其要旨在於說明人與自然的關係是和諧的，人體內部的五臟等器官功能也是和諧的，失去這種「和諧」就會導致疾病的產生。杜預注云：「金味辛，木味酸，水味鹹，火味苦，土味甘，皆陰陽風雨而生。」又注云：「辛色白，酸色青，鹹色黑，苦色赤，甘色黃。」又注云：「白聲商，青聲角，黑聲羽，赤聲徵，黃聲宮。」可列表如下：

五行	金	木	水	火	土
五味	辛	酸	咸	苦	甘
五色	白	青	黑	赤	黃
五聲	商	角	羽	徵	宮

可見，中國古代思想家和醫學家對人的五官功能及其關係很早就有比較科學的論述，《國語》〈周語下〉（《單穆公伶州鳩諫鑄大鐘》）記載，單穆公認為：「夫耳目，心之樞機也，故必聽和而視正。」《荀子》〈天論〉也說：「心居中虛，以治五官，夫是之謂天君。」感官縱慾過度，就是「淫」，「淫」而「心」就不能「明」，即醫和所謂「淫生六疾」，杜預注云：「淫，過也。滋味聲色所以養人，然過則生害。」這些論述，雖然與西方近現代建立在科學實驗基礎上的心理學科學相比，還是一種直觀的認知，還有非科學的成分，但其主要理論觀點是具有科學價值的。「心統五官」論與中醫的身體「調和」論及其「五官」論等，是中國古人以「味」論「藝」的生理心理論的理論基礎，也是中國古代的審美通感論的基礎。

總之，上面的分析研究說明，在晏子「聲亦如味」論中，把音樂的「和味」美感與主體「心平德和」緊密結合起來，實際上也就將音樂的「和味」美感與「善」的倫理價值統一起來。中國古代的「藝味」說發端於「樂味」論，其一開始是具有強烈的倫理政治的「目的性」的。「聲亦如味」論的提出，以「味」論「藝」傳統的形成，除了具有重要的中醫生理心理方面的「科學」文化基礎外，也是與我國古代飲食文化的背景密不可分的。在晏子的論述中，其表達的本意，就是說，聲、味的追求，不能過度，飲食美味在於「和」，而音樂的美感也在於「和」，具有相「濟」的特點，如果過度追求某一方面感官的刺激，就會使音樂失去了「和」的美感；另外，他的意思還在於說明，

君子聽樂，目的在於「修身」，使自己能夠具有平和之心，如果是刺激性的不和諧的音樂，就沒有「和味」美感，聽這樣的音樂，可能使感官獲得極大的滿足和刺激，但卻使自己內心世界失去「平和」之心境，也就不能達到「修身」的目的。聯繫下文對〈樂記〉「遺音遺味」説的邏輯發展過程的論説，可以説明，晏子的「聲亦如味」論等有關思想，也是與當時主要由儒家所倡導的禮樂文化傳統緊密聯繫在一起的。

第二節　儒道思想中的「藝味」觀念

從上一節的論説中，我們可以看到，從殷周之際至春秋時期，「五行」説開始流行，其後史伯等人已經揭示音樂的「和」的美感特徵，主張「中德」和「中聲」，反對「煩手淫聲」。這些思想在孔、孟、荀等儒家大師的詩樂論中得到進一步的發展，而在孟子、荀子的思想中，不少論點還涉及味覺審美感官論問題。本節簡要討論一下儒家的「和味」論和道家的「無味」論（亦即「淡味」論）及其影響問題。

一、儒家關於詩樂的「和味」論及其味覺審美感官論

首先討論一下孔子（前551-前479）關於「樂味」論的觀點。《論語》〈述而〉載：「子在齊聞《韶》，三月不知肉味。曰：『不圖為樂之至於斯也！』」（《論語註疏》，《十三經註疏》本，下同）這就是後人反覆引用的「忘味」典故的出處。——下文把孔子的這段論述，簡稱為孔子的「樂味」論。《論語》在漢代就被列為儒家的「經」書，宋代以後更是被作為科舉考試必讀的「四書」之首，經過歷代儒家學者的「述而不作」的闡述，使《論語》關於孔子「聞《韶》樂，三月不知肉味」的這則記載，對後代以「味」論「藝」風氣的發展起到很大的促進作用。下面聯繫孔子有關思想觀念，略作幾點分析。

　　第一，孔子的「樂味」論，要旨在於主張「中和」之美，這是與他的政治文化觀念、「中庸」之道的思想方法論緊密聯繫在一起的。孔子的生活時代已是春秋末期，是一個所謂「禮壞樂崩」的時代，而他的政治思想是有些保守的，他希望能夠恢復周禮等一系列的政治的和文化的制度，《論語》〈八佾〉所謂：「子曰：周監於二代，鬱鬱乎文哉！吾從周。」所謂「二代」，就是指「夏、殷」兩個朝代。孔子反對「過」與「不及」，主張「中庸」之道，《論語》〈子罕〉載：「子曰：吾有知乎哉？無知也。有鄙夫問於我，空空如也。我扣其兩端而竭焉。」《論語》〈雍也〉載孔子語曰：「中庸之為德也，其至矣乎！民鮮久矣。」《禮記》〈中庸〉亦載孔子語曰：「舜其大知也與！舜好問以好察邇言。隱惡而揚善。執其兩端，用其中於民。其斯以為舜乎！」孔子的這種「執其兩端」而折「中」、用「中」論，其所謂「兩端」，不能簡單地理解為「始終」之一端，它實際上應該包括事物的各種不同方面、不同層次、不同側面、不同發展階段的「矛盾」的兩個方面的內容；從政治角度講，就是一種等級制度的有序狀態，影響到其美學觀念，就是追求一種「和諧」的美感。孔子也明確地說：「君子和而不同，小人同而不和。」（《論語》〈子路〉）前文已經分析過，晏嬰與齊侯論「和同」問題，所謂「和如羹焉」云云，就明確把「味」與音樂聯繫起來，並認為「和」與「同」異。由此，再聯繫孔子對《韶》樂之「美」的評論，就可以說明，孔子所論《韶》樂之美「味」，就是一種「中和」之美。其所謂「和」，不是「以水濟水」的單一的「和同」，而是一種「和而不同」的和諧美，這是體現在其文藝觀和美感論中的核心思想，也是其「中庸」思想的一種表現。

　　《論語》〈八佾〉載：「子謂《韶》，盡美矣，又盡善也；謂《武》，盡美矣，未盡善也。」《論語》〈雍也〉載：「子曰：質勝文則野，文勝

質則史，文質彬彬，然後君子。」《論語》〈八佾〉載：「子曰：《關雎》，樂而不淫，哀而不傷。」在以上的論述中，孔子把「美」和「善」、「質」和「文」、「樂」和「哀」等等統一起來，這正是一種「濟其不及，以洩其過」的思維方式。所以説《論語》關於孔子「聞《韶》樂，三月不知肉味」的記載，是一種「和味」論，表面上，這一記載並沒有運用像「聲亦如味」這樣明確的以「味」論「樂」的比喻句式，但實質上就是論説《韶》樂之「味」的問題，也就是其美感問題；當時，詩、樂、舞三位一體，孔子的這種「樂味」論，對後代文學批評也產生了重大影響。

　　第二，孔子的「和味」論，就其音樂論而言，體現了他從「善」的政治倫理角度出發，對「新聲」的批評和對《雅》《頌》之樂的「固守」觀念。《論語》〈衛靈公〉載：「顏淵問為邦。子曰：『行夏之時，乘殷之輅，服周之冕，樂則《韶》舞，放鄭聲，遠佞人。鄭聲淫，佞人殆。』」《論語》〈陽貨〉載：「子曰：惡紫之奪朱也，惡鄭聲之亂雅樂也，惡利口之覆邦家者。」《論語》〈為政〉載：「子曰：「《詩》三百，一言以蔽之，曰：『思無邪。』」《論語》〈子罕〉載：「子曰：「吾自衛反魯，然後樂正，《雅》《頌》各得其所。」春秋時期出現與節奏較為緩慢的「頌」樂不同的新樂，即所謂「煩手淫聲」的「新聲」。王國維《説周頌》考曰：「竊謂風雅頌之別，當於聲求之。頌之所以異於雅頌（引按：雅頌二字，據下文當作風雅，蓋刊刻之誤）者，雖不可得而知，今就其著者言之，則頌之聲較風雅為緩也。何以證之？曰：風雅有韻而頌多無韻也。凡樂詩之所以用韻者，以同部之音間時而作，足以娛人耳也。故其聲促者，韻之感人也深；其聲緩者，韻之感人也

淺。」[9]有關專家研究認為：「鄭聲」「鄭衛之音」也是這種「新聲」的代表，是所謂「樂崩」的具體體現，故遭到「吾從周」的孔子的反對。《國語》〈晉語八〉載：

> 平公說新聲，師曠曰：「公室其將卑乎！君之明兆於衰矣。夫樂以開山川之風也，以耀德於廣遠也。風德以廣之，風山川以遠之，風物以聽之，修詩以詠之，修禮以節之。夫德廣遠而有時節，是以遠服而邇不遷。」

可見，晉平公喜好「淫」而過「度」的「新聲」（當時流行的新樂），而師曠則從倫理道德角度予以勸諫（可與前文提到的子產、醫和等人的論述參看）。蔡仲德先生《春秋時期音樂美學思想略論》一文指出：《左傳》、《國語》所保存春秋時期有關音樂美學思想的論樂文字共二十二條，「就審美範疇說，則除『和』與『同』出現於西周末年，『禮』與『樂』出現於春秋中期，其餘『中』與『淫』、『音』與『心』、『哀』與『樂』均出現於春秋末期。在這些範疇中，『中』與『淫』及與之相關的『節』、『度』觀念的出現尤其值得注意。『節』、『度』、『淫』的概念似未見於春秋末期之前。『中』雖見於卜辭，用於樂，且與『淫』相對，則始於前五四一年醫和之言、前五二二年伶州鳩之言。『中聲』、『淫聲』的出現也在前五四一年之後。至於『中德』，《尚書》〈酒誥〉雖有之，用於樂，也始於春秋末期，前五二二年。」因此，蔡仲德先生認為其時大量有關音樂美學的論樂文字和範疇的出現，是與「新聲」的出現有關的，並認為「『新聲』即孔子所謂『鄭聲淫，佞人殆』

9　王國維：《觀堂集林》第一冊，中華書局1959年版，第111-112頁。

之鄭聲,也就是春秋時期出現的以鄭國民間音樂為代表的各諸侯國民間音樂。」「從《論語》看,春秋末期鄭聲亂雅,禮壞樂崩,樂工奔散,所以孔子才認為有『正樂』,放鄭聲,使雅頌各得其所的必要性、迫切性。」[10]所謂「新聲」是否就是指「鄭聲」等各國諸侯國的民間音樂,這一觀點,還可以再作進一步研究;但孔子以「中和」為節度,反對「淫聲」「佞人」,這是事實。

第三,孔子不僅是一個思想家、政治家,也是一個教育家、藝術家。《論語》〈八佾〉載:「子語魯太師樂,曰:『樂其可知也:始作,翕如也;從之,純如也,皦如也,繹如也,以成。』」《論語》〈泰伯〉載:「子曰:師摯之始,〈關雎〉之亂,洋洋乎盈耳哉。」可見,孔子精通音樂的鑑賞,《論語》還有關於孔子能夠歌唱奏樂的記載。孔子的「樂味」論雖然無疑具有美善結合的思想,但他卻是從音樂本身的美感出發來看待音樂的「善」的問題的;孔子關於詩樂的藝術價值論,具有一定的功利主義的狹隘性。如其所謂「誦《詩》三百,授之以政,不達;使於四方,不能專對;雖多,亦奚以為?」(《論語》〈子路〉)但就總體而言,孔子非常重視詩之感發志意的「興」的美感教育作用,所以他說:「興於詩,立於禮,成於樂。」(《論語》〈泰伯〉)又說:「《詩》可以興,可以觀,可以群,可以怨。邇之事父,遠之事君,多識於鳥獸草木之名。」(《論語》〈陽貨〉)都是將「興」置於首位。孔子重視「質」,強調藝術的內容(特別是他所說的「善」),《論語》〈八佾〉載云:

　　子曰:「人而不仁,如禮何?人而不仁,如樂何?」子夏問曰:「巧

10　以上引文見蔡仲德:《中國音樂美學史論》,人民音樂出版社1988年版,第34、35頁。

笑倩兮，美目盼兮，素以為絢兮，何謂也？」子曰：「繪事後素。」
曰：「禮後乎？」子曰：「起予者商也！始可與言《詩》已矣。」

　　美人的巧笑之可愛、美目之傳情，是與美人本有的淑姿、天生美
質的「素」分不開的；繪畫必先有素白的質地，然後畫工才能著色成
繪；禮樂的儀式無論如何規範隆盛，如果主觀世界本無領會其精神的
本心，也是毫無作用的。所以說，孔子的「禮樂」觀是先質而後文的。
他說：「禮云禮云！玉帛云乎哉？樂云樂云！鐘鼓云乎哉？」（《論語》
〈陽貨〉）就是講的這個意思。但孔子又主張「文質」不能偏廢，其理
想還是要「文質彬彬」「樂而不淫，哀而不傷」，「盡美」而又「盡善」。
關於孔子「在齊聞《韶》，三月不知肉味」的記載，《論語註疏》疏曰：

　　此章孔子美《韶》樂也。「子在齊聞《韶》，三月不知肉味」者：
《韶》，舜樂名。孔子在齊，聞習《韶》樂之盛美，故三月忽忘於肉味
而不知也。「曰不圖為樂之至於斯也」者：圖，謀度也；為，作也；
斯，此也，謂此齊也。言我不意度作《韶》樂乃至於此齊也。……《禮
樂志》（引按：指《漢書》〈禮樂志〉）云：「夫樂本情性，浹肌膚而臧
骨髓，雖經乎千載，其遺風餘烈尚猶不絕。至春秋時，陳公子完奔
齊。陳，舜之後，《韶》樂存焉。故孔子適齊聞《韶》，三月不知肉味，
曰：『不圖為樂之至於斯！』美之甚也。」

　　上述詮釋是比較準確的，著重強調了孔子之所以聽《韶》樂而「三
月忽忘於肉味而不知」，是因為《韶》樂的「盛美」和音樂本身的「浹
肌膚而臧骨髓」的感人作用造成的。另外，《論語》〈述而〉中關於孔
子聞《韶》樂之美而「三月不知肉味」的記載，還可以與《論語》〈陽

貨〉中孔子說的一段話相參考：宰我問孔子「三年之喪」的問題，在答語中，孔子曾說：「夫君子之居喪，食旨不甘，聞樂不樂，居處不安，故不為也。」《論語註疏》疏曰：「旨，美也。言君子之居喪也疾，即飲酒食肉，雖食美味，不以為甘，雖聞樂聲，不以為樂，寢苫枕塊，居處不求安也。」（清）劉寶楠《論語正義》（《諸子集成》本）亦解釋說：「《說文》：『甘，美也。』《詩》多言『旨酒』。此文『食旨』，兼凡飲食言之。」可見，孔子把飲食之味與音樂等聯繫起來，也是當時的言論習氣。

第四，《禮記》〈中庸〉關於孔子論「知味」的記載，對漢代以來以「味」論「藝」的文藝批評當有一定影響。〈中庸〉載：

> 子曰：「道之不行也，我知之矣：知者過之，愚者不及也。道之不明也，我知之矣：賢者過之，不肖者不及也。人莫不飲食也，鮮能知味也。」

這段話是否為孔子親口所言，可能值得懷疑（《禮記》等著作中，還載有不少孔子的言論）；但無疑表現了鮮明的儒家「中庸」觀念，所謂「知（智）者過之，愚者不及」「賢者過之，不肖者不及」，都是不能「貫道」而「明道」的。從「藝味」說的角度講，這段話不僅在於假聖人之口，提出「知味」這樣一個動賓結構的「術語」，為後代文藝理論家所常用，更重要的是明確把「知味」與知「道」結合起來，以「味」喻「道」，這對後代的文藝之知「味」（辨味）批評，追求形而上的精神境界、審美理想等，是有一定影響的。正如韓愈《薦士》詩所謂「曾經聖人手，議論安敢到」，何況是出自聖人之口的話呢？後人只能「述而不作」地進行闡釋，特別是在宋代以後，以「味」論「藝」

已經形成「傳統」，而〈中庸〉也被列為《四書》之一，那麼據說是孔子所說的這段言論，更當為人們熟知，其影響就不可低估。

　　孔子的「樂味」論奠定了儒家以「味」論「藝」的基礎，其關於詩樂的「中和」美感論思想，直接為戰國時代的孟子（約前372-前289）和荀子（約前313-前238）等所繼承發展，限於篇幅，下文撮要從「藝味」論的角度簡要談談孟子和荀子的有關觀點。孟子主張人性本善論，據《孟子》〈告子章句上〉所載，當時告子主張人性無善與不善，所以說「生之謂性」，認為「食、色，性也。仁，內也，非外也。義，外也，非內也。」（《孟子註疏》，《十三經註疏》本）這就遭到孟子的批判，孟子認為人性本善，所以仁義之心，人人皆有，因此他說：

> 惻隱之心，人皆有之；羞惡之心，人皆有之；恭敬之心，人皆有之；是非之心，人皆有之。惻隱之心，仁也；羞惡之心，義也；恭敬之心，禮也；是非之心，智也。仁義禮智，非由外鑠我也，我固有之也，弗思耳矣。故曰：求則得之，舍則失之（《孟子》〈告子章句上〉）。

　　由此出發，孟子認為：「口之於味也，有同嗜焉；耳之於聲也，有同聽焉；目之於色也，有同美焉，至於心，獨無所同然乎？心之所同然者何也？謂理也，義也。聖人先得我心之所同然耳。故理義之悅我心，猶芻豢之悅我口。」（《孟子》〈告子章句上〉）孟子這段著名的論述，不僅涉及審美共同性問題，而且最主要的是繼承了孔子的美善統一的「和味」論思想，把「美感」視為感性和理性的統一，是芻豢之「味」（感官的愉悅）和理義之「味」（心靈的精神愉悅）的統一，而且涉及人的美感不等於動物快感的問題，人對美感的追求，必由感官的動物式的快感滿足昇華為心靈的精神愉悅性的追求。

　　由於孟子認為「仁義禮智，非由外鑠我也，我固有之也，弗思耳矣」，所以他極力強調「心官」的能思的功能，強調主體精神境界的修養。他説「我四十不動心」，認為「夫志，氣之帥也；氣，體之充也。夫志至焉，氣次焉。故曰：『持其志，無暴其氣』」；又説他自己善養「浩然之氣」，使之「至大至剛，以直養而無害，則塞於天地之間」。有了這種「不動心」以及「養氣」「持志」的修為功夫，就能如孔子所謂「有德者必有言」，也就做到「知言」：「詖辭知其所蔽，淫辭知其所陷，邪辭知其所離，遁辭知其所窮。」（以上均見《孟子》〈公孫丑章句上〉）。孟子的「知言」説和「理義」與「芻豢」之關係論，對後代「辨味」的藝術批評產生重要影響。

　　荀子的禮樂論，是建立在他的「性惡」論基礎上的。《荀子》〈性惡〉説：「人之性惡，其善者偽也。」所以，他認為：「凡禮義者，是生於聖人之偽，非故生於人之性也。……若夫目好色、耳好聲、口好味、心好利、骨體膚理好愉佚，是皆生於人之情性者也；感而自然，不待事而後生之者也。夫感而不能然，必且待事而後然者，謂之生於偽。是性、偽之所生，其不同之征也。古聖人化性而起偽，偽起而生禮義。」（王先謙《荀子集解》，《諸子集成》本）也就是説，人追求滿足感官快感的慾望是無窮盡的，也是人生下來就有的「性」，所以説人性本「惡」，聖人設「禮義」之教，目的在於「化性而起偽」。《荀子》〈禮論〉曰：「人生而有欲，欲而不得，則不能無求。」（《荀子》〈禮論〉）主張克制感官慾望，以虛靜之心達「大清明」之境（《荀子》〈解蔽〉），認為：「心有徵知，徵知則緣耳而知聲可也，緣目而知形可也。……五官簿之而不知，心徵之而無説，則人莫不然謂之不知。」（《荀子》〈正名〉）這種「心統五官」論，從美感論角度講，就是要求感性與理性的統一，可見在這一點上，荀子跟孟子的觀點有共同性。

荀子認為：

> 君子知夫不全不粹之不足以為美也……。使目非是無慾見也，使
> 耳非是無慾聞也，使口非是無慾言也，使心非是無慾慮也。及至其致
> 好之也，目好之五色，耳好之五聲，口好之五味，心利之有天
> 下。……德操然後能定，能定然後能應。能定能應，夫是之謂成人。
> 天見其明，地見其光，君子貴其全也。（《荀子》〈勸學〉）

「美」在於「全」和「純」，君子要具備這種「全」而「純」的人
格精神境界（德操）才能夠稱之為「美」，這是與「小人」的不同之所
在，小人縱慾，而君子能夠「以道制欲」，荀子的〈樂論〉突出地強調
了這種思想：首先，雖然荀子的性本惡與孟子的性本善的觀點不同，
但從心性本體的角度來看待「禮樂」的本質和功能，卻是一致的。荀
子的音樂觀是一種心性本體論，這也為其後的《禮記》〈樂記〉所繼
承。荀子的〈樂論〉指出了人們對「樂」的喜好，乃是出於人追求快
感享樂的本性，所以聖人制《雅》《頌》之聲以「道」（導）之於正
途——感動其善心，去除其邪污之氣：「夫樂者，樂也，人情之所必不
免也。故人不能無樂，樂則必發於聲音，形於動靜；而人之道，聲音
動靜，性術之變盡是矣。……先王惡其亂也，故制雅頌之聲以道之，
使其聲足以樂而不流，使其文足以辨而不，使其曲直繁省廉肉節奏，
足以感動人之善心，使夫邪污之氣無由得接焉。」

其次，荀子提出「審一以定和」的觀點，認為音樂的美感特徵和
現實功能，正在於「中和」，是「中和之紀」（「紀」者，綱紀也）。他
說：「故樂在宗廟之中，君臣上下同聽之，則莫不和敬；閨門之內，父
子兄弟同聽之，則莫不和親；鄉里族長之中，長少同聽之，則莫不和

順。故樂者審一以定和者也，比物以飾節者也，合奏以成文者也；足以率一道，足以治萬變。」又說：「故樂者，天下之大齊也，中和之紀也，人情之所必不免也。」

複次，荀子正是認識到「夫聲樂之入人也深，其化人也速」的作用，所以主張「以道制欲」「美善相樂」的思想，繼承了孔子的「樂味」論的觀點，主張「君子以鐘鼓道志，以琴瑟樂心」，從主體修養出發，從政治倫理功用出發，認為：「樂行而志清，禮修而行成，耳目聰明，血氣和平，移風易俗，天下皆寧，美善相樂。故曰：樂者，樂也。君子樂得其道，小人樂得其欲；以道制欲，則樂而不亂；以欲忘道，則惑而不樂。」（以上引文均出《荀子》〈樂論〉）

最後，荀子還明確論說了祭祀之「大羹」的「本味」論和關於「〈清廟〉之歌」的禮樂意義（《荀子》〈禮論〉），並為《呂氏春秋》和《禮記》〈樂記〉所吸取。這一關於禮樂的「遺味遺音」說，對後代產生了重大影響，對此，下節再加討論。荀子常常把聲、色（文）、味放在一起論述問題，如他說：「（先王聖人）知夫為人主上者，不美不飾之不足以一民也，……故必將撞大鐘，擊鳴鼓，吹笙竽，彈琴瑟，以塞其耳；必將雕琢刻鏤，黼黻文章，以塞其目；必將芻豢稻粱，五味芬芳，以塞其口。然後眾人徒，備官職，漸慶賞，嚴刑罰，以戒其心。」（《荀子》〈富國〉）這些論述對後代以「味」論「藝」風氣的形成，也產生了重要的影響。

二、《老子》和《莊子》的道家的「無味」論和素樸平淡之美的審美理想

道家的思想淵源很早，學術界對老子（生卒年不詳）其人的研究有很多爭論，根據《史記》〈老莊申韓列傳〉的記載，老子早於孔子，是東周時期的楚國苦縣人，曾做過周守藏史（掌管圖書的史官），據

說，孔子曾問禮於老子。《韓非子》有〈解老〉和〈喻老〉篇，說明《老子》這本「言道德之意」的五千言，至晚在戰國初期已經成書。《老子》又稱為《道德經》，上下兩篇共八十一章，流行本為《道經》在前，《德經》在後；一九七三年出土的長沙漢墓帛書本與之相反（故有學者認為《老子》應名為《德道經》）。

莊子（生卒年不詳）戰國時期的宋國蒙人，曾做過管理漆園的小吏，後來隱居遁世。學術界一般認為現存《莊子》的內篇（七篇）乃其本人所著，其他外篇（十五篇）、雜篇（十一篇）乃其後學所著（亦非定論）。下文著重就《老子》和《莊子》的文本來討論道家的代表人物老子和莊子有關「味」論的觀念及其影響問題。《老子》關於「味」與藝術的關係問題，主要是提出了「大音希聲」論，也可以說是「大音」而「無味」論，這一觀念是其從「自然之道」「大象無形，道隱無名」的理論出發得出的結論。不妨先將《老子》中有關觀點[11]，節要引述如下，然後再稍加分析：

五色令人目盲；五音令人耳聾；五味令人口爽；馳騁田獵，令人心發狂；難得之貨，令人行妨。是以聖人為腹不為目，故去彼取此。（《老子》〈十二章〉）

「道」之出口，淡乎其無味，視之不足見，聽之不足聞，用之不可既。（《老子》〈三十五章〉）

明道若昧；進道若退；夷道若纇；上德若谷；廣德若不足；建德若偷；質真若渝；大白若辱；大方無隅；大器晚成；大音希聲；大象無形；「道」隱無名。夫唯「道」，善貸且成。（《老子》〈四十一章〉）

---

11 引《老子》語，據陳鼓應：《老子註譯及評介》，中華書局1984年版。

　　為無為，事無事，味無味。大小多少，報怨以德。圖難於其易，
為大於其細。天下難事，必作於易；天下大事，必作於細。是以聖人
終不為大，故能成其大。（《老子》〈六十三章〉）

　　要瞭解老子的「無味」論的深刻內涵，就必須先瞭解老子的「自
然之道」的思想。老子可以說是一個客觀唯心主義者，他說：「道生
一，一生二，二生三，三生萬物。萬物負陰而抱陽，沖氣以為和。」
（《老子》〈四十二章〉）他把萬物的本原、依據的規律及神而自神的力
量，稱之為「道」，「道」以其「自在性」為根據，其本然如此的生生
流行不已的狀態，就叫作「自然」。「自然」是作為「道」的自在自為
的質性而提出的，《老子》中五次提到「自然」二字，其本義就是「自
然而然」（「本來的樣子」）的意思，「自然而然」就是本來如此，指的
就是「道」之自身的「本真」（本然）狀態，「道」的本質特性就是
「本真」「本然」，或者說「本真」「本然」就是「道」。所以說老子之
「道」，就是「自然之道」。求得這種「本真」，就需要「無為」，所以
老子主張「為無為，事無事，味無味」，這也是與他「小國寡民」的政
治理想是一致的。

　　由此出發，老子就反對一切人為的禮義道德，斥之為「偽」，認為
「文明」乃是對這種「本真」的一種遮蔽，這種思想極富有辯證法的意
義。既然「道」體乃是一種「本然」，所以他說：「視之不見，名曰
『夷』；聽之不聞，名曰『希』；搏之不得，名曰『微』；此三者不可致
詰，故混而為一。……是謂無狀之狀，無物之象，是謂惚恍。」（《老
子》〈十四章〉）因此「五色令人目盲；五音令人耳聾；五味令人口
爽」，因此「大音希聲，大象無形」，「希聲」即是「無聲」，是超越一
切「有聲」之樂的大樂（也就是天樂，自然之樂），是「聽之不聞」的，

是「視之不見」的，是「味」之而「淡乎其無味」的。《老子》的這種
「無味」的自然之「道」境，超越了儒家的「和味」論和美善結合的審
美理想，直達「自然」本體境界，成為後代追求「不言」「無聲」之境、
崇尚自然之美的思想源頭，是後代「藝味」說中崇尚平淡之味、平淡
之境的理論發端；《老子》中關於「有無相成」「虛實相生」的思想，
也成為後代藝術境界論的思想基礎。

　　僅就「藝味」說而言，莊子的影響比老子更為重大。這裡從其有
關「味」論的角度出發，略談如下幾個方面的內容。

　　第一，莊子突出地強調素樸平淡的自然之美，使平淡之味成為後
代藝術美感論的主流思想之一。這種「淡味」論正是從老子的「無味」
論發展而來，其精神本質就在於「自然」二字，這就是莊子說的「大
本大宗」，引其有關論述如下[12]：

　　夫虛靜、恬淡、寂漠、無為者，萬物之本也。……以此處上，帝
王天子之德也；以此處下，玄聖素王之道也。……靜而聖，動而王，
無為也而尊，樸素而天下莫能與之爭美。夫明白於天地之德者，此之
謂大本大宗，與天和者也；所以均調天下，與人和者也。與人和者，
謂之人樂；與天和者，謂之天樂。（《莊子》〈天道〉）

　　若夫不刻意而高，無仁義而修，無功名而治，無江海而閒，不道
引而壽，無不忘也，無不有也，淡然無極而眾美從之。此天地之道，
聖人之德也。（《莊子》〈刻意〉）

　　天地有大美而不言，四時有明法而不議，萬物有成理而不說。聖
人者，原天地之大美而達萬物之理，是故至人無為，大聖不作，觀於

12　以下所引《莊子》語，據陳鼓應：《莊子今注今譯》，中華書局1983年版。

天地之謂也。(《莊子》〈知北遊〉)

　　莊子〈齊物論〉云:「唯達者知道通為一,為是不用而寓諸庸;因是已(引者按:指順任自然,〈逍遙游〉所謂「乘天地之正」)。已而不知其然,謂之道。」莊子從「齊物」思想出發,而歸於天人合一、物化之境,推崇自然的「天籟」之美、推崇「至樂無樂」(《莊子》〈至樂〉)的天樂。《莊子》〈齊物論〉云:「夫天籟者,吹萬不同,而使其自己也,咸其自取,怒者其誰邪!」天籟,即是一種「使其自己也,咸其自取」的自然大音與大象所顯現的美,它的一個主要特徵即是「自然而然」的素樸性,所以説「樸素而天下莫能與之爭美」「淡然無極而眾美從之」,崇尚素樸平淡的「自然之美」、「天地之大美」。《莊子》〈天地〉云:「且夫失性有五:一曰五色亂目,使目不明;二曰五聲亂耳,使耳不聰;三曰五臭薰鼻,困惾中顙;四曰五味濁口,使口厲爽;五曰趣舍滑心,使性飛揚。此五者,皆生之害也。」莊子也跟老子一樣,否定「有為」,主張「無為」,反對「文明」對這種素樸美的遮蔽(或者説是「異化」)。

　　第二,在人生的精神理想上,屬於古代主觀唯心論者的莊子,開闢了一條所謂「無待」的絕對的「逍遙」之境,這是「虛靜」「恬淡」的心靈才能夠得以體驗的境界,所以莊子反覆強調這種「恬淡」精神,這就使後代「藝味」説的理論,不僅著重強調藝術本體境界的平淡自然,更強調審美主體的「恬淡」的精神人格[13],所謂「古之人,在混芒之中,與一世而得淡漠焉。」(《莊子》〈繕性〉)在莊子看來,鯤鵬展

13　《莊子》〈山木〉有論曰:「且君子之交淡若水,小人之交甘若醴;君子淡以親,小人甘以絕。」可見,莊子講自然之淡、主體的「虛靜」「恬淡」,是與大味必「淡」也就是説「味」淡的比喻論述有關的。

翅，「不知其幾千里也」，但也不過如此，仍然有「待」（條件），所以
受到蜩與學鳩的嘲笑。所謂「且夫乘天地之正，而御六氣之辯，以游
無窮者，彼且惡乎待哉？故曰，至人無己，神人無功，聖人無名」。真
正無「待」的是古之聖人、真人、神人，能夠做到絕對的精神上的「逍
遙游」，例如：「藐姑射之山，有神人居焉，肌膚若冰雪，綽約若處
子。不食五穀，吸風飲露，乘雲氣，御飛龍，而游乎四海之外。其神
凝，使物不疵癘而年谷熟。」（以上引文見《莊子》〈逍遙游〉）

　　老子主張「虛靜」以觀物，要有「專氣致柔」的「嬰兒」（赤子）
之心，才能「滌除玄鑒」（《老子》〈十章〉）、「致虛極，守靜篤」（《老
子》〈十六章〉），以把握自然之大「道」，莊子從主觀體驗論角度出發，
進一步提出「心齋」「坐忘」之說：

　　若一志，無聽之以耳而聽之以心，無聽之以心而聽之以氣！聽止
於耳，心止於符。氣也者，虛而待物者也。唯道集虛。虛者，心齋
也。（《莊子》〈人間世〉）

　　仲尼蹴然曰：「何謂坐忘？」顏回曰：「墮肢體，黜聰明，離形去
知，同於大通，此謂坐忘。」（《莊子》〈大宗師〉）

　　人只有通過「心齋」「坐忘」的主觀的心靈修養功夫，才能感悟大
道，像古之真人、聖人、神人那樣去除「智我」與「欲我」，使物我界
限消解、萬物融化為一，達到「游心於淡，合氣於漠」（《莊子》〈應帝
王〉）的境界。可見，莊子把老子的「虛靜」觀物的思想，發展成為一
種體驗大「道」的人生境界，成為後代審美體驗心理的思想基礎。

　　第三，莊子的「得意忘言」的思想，和《周易》有關思想結合一
起，是後代以「味」論「藝」者追求「言外之意」「味外之味」「韻外

之致」的重要理論根據。《莊子》〈天道〉篇曰：

> 世之所貴道者書也，書不過語，語有貴也。語之所貴者意也，意
> 有所隨。意之所隨者，不可以言傳也，而世因貴言傳書。世雖貴之，
> 我猶不足貴也，為其貴非其貴也。故視而可見者，形與色也；聽而可
> 聞者，名與聲也。悲夫，世人以形色名聲為足以得彼之情！夫形色名
> 聲果不足以得彼之情，則知者不言，言者不知，而世豈識之哉！

　　莊子用輪扁斫輪的故事，形象地說明了「得意忘言」這個道理。
《莊子》〈外物〉篇也說：「筌者所以在魚，得魚而忘筌；蹄者所以在
兔，得兔而忘蹄；言者所以在意，得意而忘言。吾安得夫忘言之人而
與之言哉！」所謂「大味必淡」，「大音必希」，超越「形色名聲」的有
形，才能把握無形的「大象」、無聲的「大音」，這種思想成為中國古
代藝術家和理論批評家追求藝術的「言外之意」、品味藝術的含蓄空靈
之境的思想精髓。第四，《莊子》〈齊物論〉還提出「孰知正味」的思
想，就「味」這一美學範疇本身的邏輯開展而言，這種思想又是導致
後代與主流「味」論分化的思想基礎，對後代「藝味」說特別是對小
說和戲曲理論批評中的「奇異味」觀念的影響，無疑是最為重要的思
想源頭（參見本書第三章關於「『奇味』『異味』與小說的審美觀」一
節論述）。
　　最後，順便著重說明一下：道家（特別是莊子）及其後受道家思
想影響者，其所崇尚的「樸素而天下莫能與之爭美」「淡然無極而眾美
從之」的審美理想，與儒家孔子以及荀子等尚「質」貴「素」的思想，
本來並不相同。例如，孔子的「繪事後素」說，《荀子》〈禮論〉關於
「大羹」之味、「清廟之歌」的論述，其所強調的「質」「素」的觀念，

原本在於強調禮樂的教化功能，強調禮樂的精神不在於外在的「文」，而在於內在的「質」，禮之「素」簡、樂之「疏越」，目的在於使人「肅然清靜」，有趨善尚德之心。而老莊道家崇尚的「素」「淡」之美，就客體而言，是指萬物之自然而然的本真狀態（或說本體）；對主體而言，是指本於「自然」而不為外在物慾所遮蔽的本心本性。秦漢之際，二者開始明顯合流，因為從邏輯基點上講，道家所崇尚的「自然」的「素」「淡」，與儒家所崇尚的事物內在的「質」「素」，是有一定聯繫的。是故，漢代的揚雄等人，一方面宣揚儒家「文質彬彬」的思想，一方面推崇「大味必淡」「大音必希」的審美境界。六朝時期，玄學家宣揚「自然」和「名教」的合一，而受到玄學思想影響的藝術家或崇尚「自然」之和味，或崇尚「自然」而有「文」的「隱秀」「餘味」的美，使儒家的「文質」論和道家的樸素」為美論進一步得以融會貫通，對後代「藝味」說的影響很大。中唐以後，「平淡」之境、「平淡」之味的藝術觀念受到推崇，不僅表現在樂論、詩論、詞論之中，而且也表現在書論、畫論之中，成為「樂味」說、「詩味」說、「詞味」說及「畫味」說等主要理論內容，其哲學思想的基礎，主要是道家思想，但也與儒家的「質」「素」觀念有密切聯繫，故在此略加說明。

總之，先秦時期，在詩樂尤其是音樂思想方面，以孔、孟、荀為代表的儒家，主張「和味」美感論，強調美與善的結合、詩樂的教化功能，主張「以道制欲」、以理節情，重視「禮義」的主觀修為的自覺性。但自孔子以來，明確把「美」和「善」分別而言之，這說明他們也並沒有把「美」簡單地等同於「善」，反而是十分重視藝術美本身的感染人心的「味」，重視詩樂藝術的「言志」抒情的特點，然而並不主張縱慾放情，而是強調以理節情的，到漢代的《毛詩序》，就提出「主文而譎諫」「發乎情，止乎禮義」（《毛詩正義》，《十三經註疏》本）

等明確的觀點，《禮記》〈經解〉認為「溫柔敦厚」為「《詩》教」(《禮記正義》，《十三經註疏》本)，漢儒的這種「詩學」思想，可以說是與孔子等人的「和味」論的觀念分不開的。以老莊為代表的道家，從其「自然之道」的思想出發，提出「大音希聲」和「味無味」論，「無味」也就是「淡味」，其本質精神在於崇尚「自然」的本真和素樸之美，這在一定意義上也是對儒家「和味」論的超越。儒家的「和味」論和道家的「無味」「淡味」論思想(後代二者得以融會發展)，是中國古代「藝味」説的思想基礎，長久而深刻地影響了「藝味」説的開展與演化的批評歷程。

第三節　〈樂記〉的「遺音遺味」説

　　《禮記》〈樂記〉曰：「清廟之瑟，朱弦而疏越，一倡而三歎，有遺音者矣。大饗之禮，尚玄酒而俎腥魚，大羹不和，有遺味者矣。」(《禮記正義》卷第三十七至三十九，鄭玄注、孔穎達疏)這裡把〈樂記〉的這一論述，簡稱為「遺音遺味」説。有必要説明一下，「大羹不和」「清廟之瑟」的「遺音遺味」説，表面上看來，是分別論之的，並沒有直接説「遺音」也就是有「遺味」，但根據前文對晏嬰提出的「聲亦如味」論的分析看，實質上，不僅「遺音」與「遺味」反映共同的禮樂觀念，而且其間包含著「『遺音』就如『遺味』一樣」這種內在的邏輯聯繫，所以後人(如陸機、劉勰等)直接用這種「遺味」説，來論述音樂和詩文等藝術的某種「美感」要求。有關「遺音遺味」説的相關論述，也見於《左傳》《荀子》《呂氏春秋》《淮南子》等著作之中，就其表現出的禮樂觀念而言，至少可以追溯到西周時期。比較而言，雖然《左傳》《荀子》《呂氏春秋》及《淮南子》等也有這種「遺音遺味」

問題的論述，但立論的角度跟〈樂記〉並不完全相同，再把這種「遺音遺味」說與漢代揚雄、王充等人關於文章的「淡味」美的論述結合起來，可以看到以「味」論「藝」的風氣，在秦漢時期進一步發展的情況。特別是「大羹不和」「清廟之瑟」的「遺音遺味」之說，在漢代已經滲透進道家的「無味」「淡味」的哲學觀念和審美精神，這對後代藝術家提出的「餘味」論、「味外之旨（味）」論，是有一定影響的。以〈樂記〉為中心，考察其「遺音遺味」說的思想淵源與發展過程，對深入研究中國古代的「藝味」說，是具有重要的理論意義的。

一、〈樂記〉的編撰問題及其「遺音遺味」說的思想淵源

今人對〈樂記〉的著者問題，主要有兩派意見：一是郭沫若先生通過考辨首先提出的觀點，即認為〈樂記〉出自戰國時期的《公孫尼子》，其後，〈樂記〉為公孫尼子所作的觀點為不少學者所認可，可謂從之者甚多，也有不少學者對此觀點有所修正和補充，但基本認為〈樂記〉成書於漢代之前，這可以歸為一派；二是基本認可《漢書》〈藝文志〉的記載，即〈樂記〉為漢武帝時期的河間獻王劉德及毛生等人所共同編撰，或認為〈樂記〉乃漢武帝時代的雜家公孫尼所撰，蓋都認為〈樂記〉成書於西漢武帝時期，這也可以歸為一派。這裡也從《漢書》之說，並略析其理由，諸多問題暫置不論。

1. 從《漢書》〈藝文志〉的著錄看〈樂記〉的編著問題

《漢書》〈藝文志〉著錄的音樂著述，有〈樂記〉二十三篇，〈王禹記〉二十四篇，〈雅歌詩〉四篇，〈雅琴趙氏〉七篇（趙定撰），〈雅琴師氏〉八篇（師中撰），〈雅琴龍氏〉九十九篇（龍德撰），並曰：「凡〈樂〉六家，百六十五篇。出淮南劉向等〈琴頌〉七篇。」接著對音樂的源流和著述略作了考述，其中說：

　　漢興，制氏以雅樂聲律世在樂宮，頗能紀其鏗鏘鼓舞，而不能言其義。六國之君，魏文侯最為好古，孝文時得其樂人竇公，獻其書，乃《周官》〈大宗伯〉之〈大司樂〉章也。武帝時，河間獻王好儒，與毛生等共采《周官》及諸子言樂事者，以作〈樂記〉，獻八佾之舞，與制氏不相遠。其內史丞王定傳之，以授常山王禹。禹，成帝時為謁者，數言其義，獻二十四卷〈記〉。劉向校書，得〈樂記〉二十三篇。與禹不同，其道浸以益微。

　　這段記載，明確說明〈樂記〉乃河間獻王劉德「與毛生等」人共同編撰而成，不完全是一部獨立的「著作」，他們採用前代「言樂事」的著作，有《周官》及諸子；這段記載，還明確說明了〈樂記〉在漢代的「版本」流傳和學習傳授的情況。《漢書》〈禮樂志〉記載曰：「河間獻王有雅材，亦以為治道非禮樂不成，因獻所集雅樂。天子下大樂官，常存肄之。」又曰：「至成帝時，謁者常山王禹世受河間樂，能說其義。」蓋「河間樂」傳之王定，王定傳之王禹，王禹於漢成帝時把自己的所學之傳本獻於朝廷，這個〈樂記〉的傳本為二十四卷，而劉向校書時所校定的〈樂記〉為二十三卷，以一篇為一卷計，少王禹之本一篇，其後均散佚。今本《禮記》〈樂記〉只有十一篇，分別為〈樂本〉篇、〈樂論〉篇、〈樂禮〉篇、〈樂施〉篇、〈樂言〉篇、〈樂象〉篇、〈樂情〉篇、〈魏文侯〉篇、〈賓牟賈〉篇、〈樂化〉篇和〈師乙〉篇。今人一般認為〈樂化〉篇當在〈樂情〉篇後、〈魏文侯〉篇前。《禮記》〈樂記〉的傳本在文字上也明顯有些訛誤，如〈師乙篇〉的文句明顯有錯亂。蔡仲德先生《〈樂記〉再辨證（三題）》一文認為，跟劉德等一起

編撰〈樂記〉的「毛生」，就是「西漢景武之世的毛萇」[14]。但毛萇是
否一定也是「《毛詩序》的作者」，《毛詩序》有與〈樂記〉基本相同
的兩段文字，是否一定就是〈樂記〉在前，還不能完全肯定。蓋毛萇
之學（《詩經》學）受之於毛亨，而毛亨之學淵源於孔子弟子子夏，今
所傳之《毛詩》，其中哪些確為毛亨所作，哪些確為毛萇所作，還不甚
清楚。而且，漢代鄭玄關於《毛詩》的「傳」者有所謂「大、小毛公」
的問題，還有很多令人質疑的地方。

關於〈樂記〉已佚的篇目，據唐孔穎達《禮記正義》的疏證中所
引劉向〈別錄〉的記載，可知其分別為〈奏樂〉〈樂器〉〈樂作〉〈意始〉
〈樂穆〉〈說律〉〈季札〉〈樂道〉〈樂義〉〈昭本〉〈昭頌〉及〈竇公〉
十二篇，而據王禹所傳〈樂記〉有二十四卷本，那麼還有一篇的篇名，
今不得而知。《漢書》〈藝文志〉說河間獻王劉德「與毛生等共采《周官》
及諸子言樂事者，以作〈樂記〉」，前文又記載竇公獻《周官》之〈大
司樂〉章的事情，故對〈樂記〉後十二篇中的〈竇公〉一篇，論者或
以為即為〈大司樂〉的內容，或認為是記載竇公獻〈大司樂〉之事，
其實無法確證。不過，將現存《禮記》〈樂記〉與《周禮·春官宗伯》
〈大司樂〉的內容對照，雖然沒有大段抄錄，但其禮樂觀念是基本相同
的，而且《周禮》〈春官宗伯〉還有〈樂師〉等篇，其中有關於「奏樂」
「樂器」等方面內容。由此蓋可推證〈樂記〉的編撰者采錄了《周禮》
（即《周官》）有關論樂的內容，似是無可懷疑的。至於其采錄「諸子」
的論樂內容，最明顯的是大段抄錄了〈荀子〉的〈樂論〉，主要在〈樂
記〉的〈樂象〉篇和〈樂化〉篇的後半部分。這些抄錄《荀子》〈樂論〉
的大段文字，雖然文字沒有什麼更改，但也已經融入〈樂記〉整篇的

14　蔡仲德：《中國音樂美學史論》，第207頁，並參考收入該書有關〈樂記〉的論文。

思想邏輯之中。所以說，〈樂記〉的音樂理論對前人是有繼承也有發展的。以上所述，並非要盲從他人或者妄斷他人考述為誤，只是認為《漢書》〈藝文志〉的記載比較可信也比較合理，目的在於說明〈樂記〉乃是一本「編撰」之著，既然編撰於漢武帝之世，因而成書是比較晚的。

由此，與現在討論的論題相關的有兩個問題需要說明：一是〈樂記〉的「遺音遺味」說一段，類似的論述，較早見於《左傳》〈桓公二年〉和《荀子》〈禮論〉，其後又見於《呂氏春秋》，說明這一「遺音遺味」說，並非在漢代才提出；二是〈樂記〉雖為編撰之作，但並非完全是「抄錄輯存」前人有關著述，也就是說編撰者有自己的音樂觀，對一系列問題有自己的看法，是有自己的編撰宗旨的，可以說，〈樂記〉有「編」也有「作」。這樣說，並非是說荀子〈樂論〉的音樂觀念對〈樂記〉沒有多大影響，其實，如前所說，在以心性為本體的音樂本質論和起源論上，〈樂記〉是繼承了荀子〈樂論〉的思想而又有所發展的。

2. 關於「大羹」之味和「清廟之歌」的問題

〈樂記〉的「遺音遺味」說，是對前代禮樂傳統的繼承，所以必須先弄清楚這一觀點的思想淵源及其禮樂文化傳統的具體內涵。先來看看《荀子》〈禮論〉中的論述：

大饗尚玄尊，俎生魚，先大羹，貴食飲之本也。饗尚玄尊而用酒醴，先黍稷而飯稻粱。祭齊大羹而飽庶羞，貴本而親用也。貴本之謂文，親用之謂理，兩者合而成文，以歸大一，夫是之謂大隆。……清廟之歌，一唱而三歎也，縣一鍾尚拊之膈，朱弦而通越也，一也。

要弄清楚荀子這段論述的主要意思，先須瞭解其中「大饗」「大

羹」「清廟」等幾個傳統禮樂文化中的「概念」（術語）。簡單地說，所謂「大饗」，就是指古代一種祭祀，即大祫，《周禮》〈春官宗伯〉〈大司樂〉：「大饗不入牲，其他皆如祀。」所謂「大羹」，就是指古代祭祀特別是「大饗」時所用的「原味」（不加調料）之肉汁。《儀禮》〈士虞禮〉作「泰羹」，又，《禮記》〈禮器〉音注曰：「大羹，音泰。」所謂「清廟」，《詩》〈周頌〉有〈清廟〉篇，〈詩序〉謂為祀文王之作。「清廟」亦用為「宗廟」的通稱，宗廟乃天子、諸侯祭祀祖先的處所，故其後，宗廟亦作為王室或國家的代稱。祭祀所演奏的「清廟之歌」，並不只是指〈清廟〉這一首樂歌，但必定包括這首樂歌（詳見下文）。要作進一步分析，還需要聯繫古代（至少從西周開始）的禮樂儀式和文化傳統，才能真正理解上述的「概念」以及荀子〈禮論〉所說的這段話。

關於「清廟」祭祀儀式的論述，較早見於《尚書》〈洛誥〉等經典中；而「大羹不致」（不致五味，也就是「大羹不和」的意思）的論述，較早見於魯桓公二年（東周桓王十年，西元前710年）臧哀伯的論述。《左傳》〈桓公二年〉記載：「夏，四月，取郜大鼎於宋。戊申，納於太廟，非禮也。」故魯大夫臧哀伯諫曰：

　　君人者，將昭德塞違，以臨照百官，猶懼或失之，故昭令德以示子孫。是以清廟茅屋，大路越席，大羹不致，粢食不鑿，昭其儉也⋯⋯

杜預注「清廟茅屋」曰：「以茅飾屋，著儉也。清廟，肅然清淨之稱也。」孔穎達疏「昭令德以示子孫」曰：「德者，得也。謂內得於心，外得於物。在心為德，施之為行。德是行之未發者也，而德在於心，不可聞見，故聖王設法以外物表之。儉與度、數、文、物、聲、明，

皆是昭德之事，故傳每事皆言昭，是昭其德也。」杜預注「大羹不致」曰：「大羹，肉汁，不致五味。」又，《左傳》〈昭公二十年〉記載晏嬰提出「聲亦如味」的觀點，其中引用到《詩經》〈頌〉〈殷中宗〉詩句曰：「亦有和羹，既戒既平。鬷嘏無言，時靡有爭。」杜預注曰：「言中宗能與賢者和齊可否，其政如羹，敬戒且平。和羹備五味，異於大羹。」又釋「鬷嘏無言」曰：「鬷，總也。嘏，大也。言總大政能使上下皆如和羹。」這裡指出「和羹」與「不致五味」的「大羹」的不同。值得注意的是其提出「戒」和「平」的要求，正是當時人們對音樂的審美特徵和藝術的政治功能的普遍看法，可見，有「和平」的治政，才有「和平之聲」的產生。

據上所述可知，荀子〈禮論〉關於「大羹」之味、「清廟之歌」的論説，乃是對西周以來的一種「大饗」祭祀儀式的論述，清廟作為王室的宗廟，是祭祀祖先的處所，所以是「肅然清靜」的地方，而在清廟舉行大饗祭祀，其祭品（如生魚、大羹等）與禮器（如玄尊等），都要以「素」和「質」為要義，所謂「儉與度、數、文、物、聲、明，皆是昭德之事」，象徵不忘修德之「本」，同時也表明祭祀不在於「形式」，而在於內心真正的「孝敬」。祭祀時的「清廟之歌」，其目的也不在於音樂本身的「文」而動聽，而須有「戒」而「平」的特點。荀子〈樂論〉所謂「夫樂者，樂也，人情之所必不免也」，「先王惡其亂也，故制雅頌之聲以道之」，認為人性本「惡」，所以要「以道制欲」，禮與樂的要義和功能，既在於順應人情的需要，又能節制「人欲」的膨脹，「感動人之善心」，使人內心的「邪污之氣」得以袪除。所以，荀子論「大羹」之味和「清廟之歌」，是直接討論禮教問題的，是與他的「性惡」論和「化性起偽」等觀點緊密聯繫在一起的，與其後的《呂氏春秋》《淮南子》特別是《禮記》〈樂記〉對這個問題的論述，並不完全

相同的。

二、從《呂氏春秋》和《淮南子》看「遺音遺味」説的邏輯發展

秦朝統一之前，宰相呂不韋招致門客，編撰《呂氏春秋》一書，其中思想比較複雜，基本上吸取了先秦以來的各家思想學説，特別是道家、儒家及墨家、法家、陰陽家等，但其主要思想以黃老為主。

《呂氏春秋》（高誘注，《諸子集成》本）的〈季夏紀〉有〈音律〉〈音初〉〈制樂〉篇；〈仲夏紀〉有〈大樂〉〈侈樂〉〈適音〉〈古樂〉篇等，都是專門論述音樂和歌詩問題的。其〈大樂〉篇曰：

> 音樂之所由來者，遠矣。生於度量，本於太一。太一出兩儀，兩儀出陰陽。陰陽變化，一上一下，合而成章。渾渾沌沌，離則復合，合則復離，是謂天常。……萬物所出，造於太一，化於陰陽。……聲出於和，和出於適。和、適，先王定樂由此而生。天下太平，萬物安寧。皆化其上，樂乃可成。

這種「本於太一」而「化於陰陽」的音樂本體論觀點，明顯本於老莊和《易傳》的哲學思想，《呂氏春秋》實際上是把儒家的心性本體論的音樂觀同道家的自然本體論的音樂觀糅合到一起，這種糅合還很粗糙，存在不少矛盾。在《呂氏春秋》的作者看來，天地萬物的本體是「太一」，也就是「道」，上引〈大樂〉篇的下文有所謂「道也者，至精也，不可為形，不可為名，強為之，謂之太一。」因此，能夠「得道」的人才能懂得「樂」，而「音樂」是人情之「樂」（歡樂、愉悦、快樂的情感）的表現，人的「情慾」是永難滿足的，而放縱「情慾」，特別是從統治者的角度説，就會「亡國戮民，非無樂也，其樂不樂」。所以説，「成樂有具，必節嗜欲」。這樣就把音樂與政治、禮教結合在

一起，並從這一角度批評「鄭衛之音」。其〈音初〉篇說：

> 凡音者，產乎人心者也。感於心則蕩乎音，音成於外而化乎內。
> 是故聞其聲而知其風，察其風而知其志，觀其志而知其德。盛衰、賢
> 不肖、君子小人皆形於樂，不可隱匿。故曰：樂之為觀也，深矣。土
> 弊則草木不長，水煩則魚鱉不大，世濁則禮煩而樂淫。鄭衛之聲、桑
> 間之音，此亂國之所好，衰德之所說。流辟、誂越、慆濫之音出，則
> 滔蕩之氣、邪慢之心感矣；感則百奸眾辟從此產矣。故君子反道以修
> 德，正德以出樂，和樂以成順，樂和而民鄉方矣。

這段論述表現的又是儒家心性本體論的音樂觀念，跟《荀子》的
觀點也基本相同。上引其〈大樂〉篇，提出「和」與「適」兩個重要
的音樂美學範疇，所謂「和」，就音樂本身而言，就是指樂音的和諧
性；就其反映的對象而言，其中特別強調的是政治的「和平」，所謂
「大樂，君臣、父子、長少之所歡欣而說（悅）也。歡欣生於平，平生
於道。」這也是繼承前代儒家的「和平之聲」的觀點。而「適」，就音
樂本身來說，就是指「生於度量，本於太一」的「度量」（按：〈適音〉
篇以「衷」說「適」，可見與荀子〈樂論〉「中和之紀」的觀點一致，
受到儒家「中和」美學觀的影響）；就欣賞音樂的主體來說，就是指主
體的一種所具有的欣賞音樂的「心境」和適度的「情性」，審美主體之
「心」如果不能接受音樂的某種「度量」（例如這種音樂是超出一定「度
量」的，「心」就難以承受），或者憂思愁苦不能袪除過度「嗜欲」而
「虛靜」為懷，也就不能欣賞音樂。《呂氏春秋》這些音樂觀點，集中
體現在其〈適音〉篇的論述之中：夫音亦有適：太巨則志蕩，以蕩聽
巨，則耳不容，不容則橫塞，橫塞則振；太小則志嫌，以嫌聽小，則
耳不充，不充則不詹，不詹則窕；太清則志危，以危聽清，則耳溪

極，溪極則不鑑，不鑑則竭；太濁則志下，以下聽濁，則耳不收，不收則不摶，不摶則怒。故太巨、太小、太清、太濁，皆非適也。何謂適？衷，音之適也。何謂衷？大不出鈞，重不過石，小大輕重之衷也。黃鐘之宮，音之本也，清濁之衷也。衷也者，適也。以適聽適則和矣。……故治世之音安以樂，其政平也；亂世之音怨以怒，其政乖也；亡國之音悲以哀，其政險也。凡音樂，通乎政而移風平俗者也。……清廟之瑟，朱弦而疏越，一唱而三歎，有進乎音者矣。大饗之禮，上玄尊而俎生魚，大羹不和，有進乎味者也。故先王之制禮樂也，非特以歡耳目、極口腹之慾也，將以教民平好惡、行理義也。

上引〈適音〉篇的論述，分為三段，第一段論述了音樂的「和」與「適」的問題，已加分析，不再贅論。第二段論述了音樂和政治的關係，關於「治世之音安以樂」的這段論述，與〈樂記〉和《毛詩序》中所論，也基本一致。第三段論述「大羹」之味和「清廟之瑟」（即荀子〈禮論〉所謂「清廟之歌」）的問題，就其文字的表述來講，跟〈樂記〉「遺音遺味」一段的論述最為接近。與荀子〈禮論〉相比，〈適音〉篇的解釋更加清楚，與〈樂記〉相比，〈適音〉篇所謂「有進乎音者矣」「有進乎味者也」，正可以幫助理解〈樂記〉所謂「遺音」「遺味」的含義。從理論邏輯來講，〈適音〉篇在此論述「大羹不和」「清廟之瑟」的問題，目的在於說明兩個方面的意思：一是從「和」與「適」的角度講，大羹非「和」味而清廟之瑟亦非「適」音（過於質素、平淡），那麼為什麼為「先王」所重視呢？二是從政治禮樂教化的角度講，這種「大羹不和」「清廟之瑟」的禮樂意義何在呢？結論就是「有進乎音者矣」「有進乎味者也」——它能夠說明先王之制禮樂，「非特以歡耳目、極口腹之慾」，而在於教化人民「平好惡、行理義也」。漢高誘注

「有進乎音者矣」句曰：「文王之廟，肅然清靜，貴其樂和，故曰：有進音。」又，注「有進乎味者也」曰：「大羹肉湇，而未之和，貴本古得禮也，故曰：有進味。」這主要是根據《荀子》〈禮論〉中的論述來解說的。

漢初黃老之學盛行，《漢書》〈藝文志〉〈諸子略〉著錄《黃帝書》數種，而武帝時「罷黜百家，獨尊儒術」，故黃老之學衰微，東漢時《黃帝書》已散佚不聞。一九七三年長沙馬王堆漢墓出土與《老子》乙本合卷的帛書〈經法〉、〈十大經〉（或認為當作〈十六經〉）、〈稱〉、〈道原〉等四篇古佚書，經過唐蘭、高亨等專家考證，乃是《黃帝書》的遺存，現在有的學者統稱這四篇為《黃老帛書》，其思想內容「以道家思想為中心」，又兼采陰陽、儒、墨各家之學說[15]。把《黃老帛書》與《淮南子》等聯繫起來，可以看到漢初黃老思想流行的情況。

《淮南子》是漢高祖劉邦之孫淮南王劉安招致門客所編，亦以道家思想為中心，也同樣兼采了陰陽、儒、墨及法家等思想。其〈齊俗訓〉明確說：「故制禮義，行至德，而不拘於儒、墨。」其〈原道訓〉更是明白地宣揚道家的自然之道的觀點，其中，在音樂觀上也繼承了道家的自然之道的本體論思想，宣揚「大音希聲」之說，以「無味」「淡味」為音樂的最高境界。其〈原道訓〉曰：

夫無形者，物之大祖也；無音者，聲之大宗也。……是故視之不見其形，聽之不聞其聲，循之不得其身；無形而有形生焉，無聲而五音鳴焉，無味而五味形焉，無色而五色成焉。……音之數不過五，而五音之變，不可勝聽也；味之和不過五，而五味之化，不可勝嘗也；

---

15 參見肖萐父，李錦全主編《中國哲學史》（上卷）第282-292頁有關論述。

色之數不過五，而五色之變，不可勝觀也。故音者，宮立而五音形矣；味者，甘立而五味亭矣；色者，白立而五色成矣；道者，一立而萬物生矣。（《諸子集成》本）

《淮南子》具有豐富的音樂美學思想，在此不遑細論。值得重視的是，它從「自然」（自然而然）的角度來解釋音樂本於「情感」而生的觀點。其〈齊俗訓〉曰：「且喜怒哀樂，有感而自然者也。故哭之發於口，涕之出於目，此皆憤於中而形於外者也。譬若水之下流，煙之上尋也，夫有孰推之者！故強哭者雖病不哀。強親者雖笑不和，情發於中而聲應於外。」而「情」之所以發於「中」（內心），乃是由於「與物接」造成的，其〈俶真訓〉曰：「且人之情，耳目應感動，心志知憂樂」，是「所以與物接也」，認為「憂患之來攖人心」，所以「人心」才有「憂患」，因此，崇尚道家的虛靜人生，「是故聖人之學也，欲以返性於初，而游心於虛也」。《淮南子》正是從上述思想出發，討論「大羹不和」「清廟之瑟」的禮樂意義的，其〈泰族訓〉曰：

今夫《雅》《頌》之聲，皆發於詞，本於情，故君臣以睦，父子以親。故《韶》《夏》之樂也，聲浸乎金石，潤乎草木。今取怨思之聲，施之於絃管，聞其音者，不淫則悲，淫則亂男女之辨，悲則感怨思之氣，豈所謂樂哉！趙王遷流於房陵，思故鄉，作山水之謳，聞者莫不殞涕。荊軻西刺秦王，高漸離、宋意為擊築而歌於易水之上，聞者嗔目裂眥，髮植穿冠。因以此聲為樂而入宗廟，豈古之所謂樂哉！故弁冕輅輿，可服而不可好也；大羹之和，可食而不可嘗也；朱弦漏越（引按：就是指「清廟之瑟」），一唱而三歎，可聽而不可快也。故無聲者，正其可聽者也；其無味者，正其足味者也。吠聲清於耳，兼味快

於口，非其貴也。故事不本於道德者，不可以為儀；言不合乎先王者，不可以為道；音不調乎《雅》《頌》者，不可以為樂。

　　這段論述有三點值得注意：首先，其雖亦認為《雅》《頌》之聲，「本於情」，但這種「情」不能過度悲怨或憤怒，這並不是從儒家的「中和」之美而是從道家的「道德平淡」論的角度看問題的；其次，其明確指出「大羹之和」並不是美味（也就是説大羹乃「不致五味」的「和」），而「朱弦漏越」的清廟之歌（瑟）也不美聽（不是美妙的音樂），並不能給人帶來審美「快感」，但又從老莊「無味」論出發，認為「無聲者」而「可聽」，「無味者」而「足味」；再次，其所説的「事不本於道德者」「言不合乎先王者」「音不調乎《雅》《頌》者」云云，表面上看來和荀子的〈樂論〉等儒家音樂觀沒有多大差異，其實有本質性的區別，這一區別就在於這些論述都是從道家之「道」本體論出發的。或者，這樣表述更加準確：就是説《淮南子》這段「遺音遺味」説，從其所使用的理論「原料」來講，是與《荀子》〈禮論〉等前人的論述，沒有什麼太大的不同的；但其運用這種「原料」所表達的思想卻是它自己的。

　　通過以上分析，可以説明《淮南子》在《呂氏春秋》的基礎上又發展了一步，這就使「大羹不和」「清廟之瑟」的「遺音遺味」説，本身內在地滲透進道家的「無味」「淡味」的思想觀念，其後經過魏晉玄學的影響，使後代藝術家從「遺味」説進而產生「餘味」説和「味外味」説。《淮南子》的論述，乃是「遺音遺味」説的邏輯發展的一個重要理論環節。

三、〈樂記〉的「遺音遺味」説與漢代揚雄、王充的「淡味」論

　　〈樂記〉的「遺音遺味」説，一方面，是對前代禮樂傳統的繼承，

另一方面，編撰者又賦予其新的思想意義，應該從〈樂記〉的音樂觀出發，

來分析其「本義」，並進一步由此考察其對後代的影響。

1.〈樂記〉「遺音遺味」說的分析

〈樂記〉的音樂美學思想很豐富，在此不能詳論，這裡只聯繫現在要討論的問題，略作如下幾點分析。

第一，〈樂記〉所持的是儒家的心性本體論的音樂觀。《呂氏春秋》既説「音樂」是「生於度量，本於太一」的，又説「凡音者，產乎人心者也」，其間內在的邏輯聯繫，論述得不甚清楚。其〈大樂〉篇曰：「凡樂，天地之和，陰陽之調也。始生人者，天也，人無事焉。天使人有欲，人弗得不求；天使人有惡，人弗得不辟。欲與惡，所受於天也，人不得與焉，不可變，不可易。世之學者，有非樂者矣，安由出哉？」根據這段論述，似乎可以得出「人」是「道」（太一）和「音樂」之間的中介的結論，所以可以説音樂既本於「道」又源於「心」，但畢竟《呂氏春秋》本身的論述是不甚明晰的。而〈樂記〉一開始（〈樂本〉篇）就從儒家的「心性」學說出發，提出了「物感」説，或者説，其「物感」説是建立在心性本體論的基礎上的。〈樂記〉云：

> 人生而靜，天之性也；感於物而動，性之慾也。物至知知，然後好惡形焉。好惡無節於內，知誘於外，不能反躬，天理滅矣。

這種「心性」學說乃是從兩個假定出發，建構其「物感」理論的。首先，它假定人生本來就具有一種「靜」的天性，也就是「天理」，而同時又具有一種「感物而動」的「欲」的功用，亦即「靜」是性之體，「欲」是性之用。由此回到〈樂記〉開篇的論斷：「凡音之起，由人心

生也。人心之動，物使之然也。感於物而動，故形於聲。」可見，「物使之然也」的根據與前提，在於人本身有一種「性之慾」。其次，它假定了這種「性之慾」本身即是一種「性之情」，只是「感物」之前處在「靜而不動」的狀態中。〈樂記〉還分析指出了人的「感於物」的不同情感和「音聲」的對應關係：「樂者，音之所由生也，其本在人心之感於物也。是故其哀心感者，其聲噍以殺；其樂心感者，其聲嘽以緩；其喜心感者，其聲發以散；其怒心者，其聲粗以厲；其敬心感者，其聲直以廉；其愛心感者，其聲和以柔。六者非性也，感於物而後動。」

第二，〈樂記〉明確區分了「聲」「音」「樂」這三個概念，具有重要的理論價值。必須看到《呂氏春秋》的著者，已經開始注意把「音」和「聲」「樂」加以區別使用，而籠統論述的時候，卻用「音樂」這個「術語」。其〈音初〉篇說「凡音者，產乎人心者也」，而其〈大樂〉篇說「萬物所出，造於太一，化於陰陽」，接著說「聲出於和」，最後說「樂由此而生」「樂乃可成」，似乎可以理解為「聲」是本於「道」的，是自然之「陰陽」所化成的，「人」亦有「聲」，但只有本於「心」而制成「和」而「適」的「聲」，才可以稱為「樂」。對此，《呂氏春秋》的著者同樣論述不甚明白。而這個問題，在《禮記》〈樂記〉中，就得到瞭解決。所以說，雖然〈樂記〉的「遺音遺味」淵源很早，但〈樂記〉是有自己的較為嚴密的理論邏輯的，是根據自己的音樂觀念，來進行編撰和採納前人的音樂思想的。

〈樂記〉認為：「樂者，音之所由生也，其本在人心之感於物也。」又曰：「凡音者，生人心者也。情動於中，故形於聲；聲成文，謂之音。是故，治世之音安以樂，其政和；亂世之音怨以怒，其政乖；亡國之音哀以思，其民困；聲音之道，與政通矣。」這就是說：人和一些動物都能夠發「聲」，自然界也存有各種不同的「聲」，但「聲」並

不等於「音」，所謂「聲成文，謂之音」，有「文采節奏」的「聲」，才能稱之「音」；但「音」也不等於儒家所說「樂」，僅僅只有美妙動聽的令人無比陶醉的「文采節奏」之「聲」，也只能是「音」（例如「鄭衛之音」），而不是「樂」。那什麼是「樂」呢？〈樂記〉曰：「……感於物而動，故形於聲。聲相應，故生變，變成方，謂之音。比音而樂之，及干戚羽旄，謂之樂。」那麼所謂「比音而樂之，及干戚羽旄，謂之樂」，其中所包含的具體內容是什麼呢？這就是儒家所說的「德」，只有「德音」，才能稱之為「樂」，才能「與政相通」。先看〈樂記〉中記載的魏文侯和子夏的一段對話（見〈魏文侯〉篇）：

魏文侯問於子夏曰：「吾端冕而聽古樂，則唯恐臥；聽鄭衛之音，則不知倦。敢問古樂之如彼何也？新樂之如此何也？」子夏對曰：「今夫古樂，進旅退旅，和正以廣，弦匏笙簧，會守拊鼓，始奏以文，復亂以武，治亂以相，訊疾以雅。君子於是語，於是道古，修身及家，平均天下。此古樂之發也[16]。今夫新樂，進俯退俯，奸聲以濫，溺而不止，及優侏儒，獶雜子女，不知父子。樂終不可以語，不以道古。此新樂之發也。今君之所問者樂也，所好者音也。夫樂者，與音相近而不同。」

這裡明確說明「音」不等於「樂」。子夏認為：「夫古者，天地順而四時當，民有德而五穀昌，疾疢不作而無妖祥，此之謂大當。然後

---

16 這裡所謂「古樂」，就是指古代的六樂，《周禮》〈地官〉〈保氏〉：「乃教六藝。……二曰六樂。」相傳〈雲門〉為黃帝之樂，〈大咸〉為堯樂，〈大韶〉為舜樂，〈大夏〉為禹樂，〈大濩〉為湯樂，〈大武〉為武王之樂。《周禮》〈春官〉〈大司樂〉：「周所存六代之樂。」

聖人作為父子君臣,以為紀綱。紀綱既正,天下大定。天下大定,然後正六律,和五聲,絃歌詩頌,此之謂德音,德音之謂樂。」因此,「樂」能夠反映出國家政治的治亂情況。也正是從這個角度,子夏認為:「鄭音好濫淫志,宋音燕女溺志,衛音趨數煩志,齊音敖辟喬志。此四者皆淫於色而害於德,是以祭祀弗用也。」這些都是「溺音」而非「德音」。由此,「樂」和「禮」得以統一,子夏所謂:「聖人作為鞉鼓椌楬壎篪,此六者,德音之音也。然後鐘磬琴瑟以和之,干戚旄狄以舞之。此所以祭先王之廟也,所以獻酬酳酢也,所以官序貴賤各得其宜也,所以示後世有尊卑長幼之序也。」這主要繼承的是荀子的思想。

《樂記》〈樂化〉篇中也直接「抄錄」了荀子〈樂論〉(按:文字略有差異)這種觀點:「故樂者,審一以定和,比物以飾節;節奏合以成文,所以合和父子君臣,附親萬民也。」其《樂記》〈樂象〉篇的前段也直接「抄錄」了《荀子》〈樂論〉,然後曰:「德者性之端也;樂者,德之華也。金石絲竹,樂之器也。詩,言其志也。歌,詠其聲也。舞,動其容也。三者本於心,然後樂氣從之。是故情深而文明,氣盛而化神。和順積中,而英華發外,唯樂不可以為偽。」又曰:「樂者,心之動也。聲者,樂之象也。文采節奏,聲之飾也。君子動其本,樂其象,然後治其飾,是故,先鼓以警戒,三步以見方,再始以著往,復亂以飭歸。」反覆說明了「樂」的禮教意義。先王所造之「樂」,在於順乎人情的需要,所謂「唯樂不可以為偽」,並由此教化民眾,使之本乎情而發,又能自覺地服從「禮」的規範,這是「禮」本身只講外在的規範原則所不能完成的功能。

第三,以上兩點是〈樂記〉的基本音樂觀點,也是其「遺音遺味」說的理論前提。正是在這樣的理論前提下,《樂記》〈樂本〉篇曰:

凡音者，生於人心者也；樂者，通倫理者也。是故，知聲而不知音者，禽獸是也；知音而不知樂者，眾庶是也。唯君子為能知樂。是故，審聲以知音，審音以知樂，審樂以知政，而治道備矣。是故，不知聲者不可與言音，不知音者不可與言樂。知樂，則幾於知禮矣。

沒有「文采節奏」之「聲」，只是自然之「聲」，所以「知聲而不知音者，禽獸是也」；而「知音而不知樂者」，如魏文侯一樣，就流於「眾庶」之伍；只有懂得「樂者，通倫理者也」的道理，才可謂之「知樂」。孔穎達解釋「樂者，通於倫理者」一句曰：「倫，類也。理，分也。比音為樂，有金、石、絲、竹、干、戚、羽、旄，樂得則陰陽和，樂失則群物亂，是樂能經通倫理也。陰陽萬物，各有倫類分理者也。」根據上文所引，「德音」之「德」，就是指表現儒家的一套「父子君臣，以為紀綱」的思想，「德音」才能稱之為「樂」，所以，「審樂」就可以「知政」。接著〈樂記〉論述了「遺音遺味」的問題：

禮樂皆得，謂之有德。德者，得也。是故，樂之隆，非極音也；食饗之禮，非致味也。清廟之瑟，朱弦而疏越，一倡而三歎，有遺音者矣。大饗之禮，尚玄酒而俎腥魚，大羹不和，有遺味者矣。是故先王之制禮樂也，非以極口腹耳目之慾也，將以教民平好惡而反人道之正也。

為了弄清其本義，這裡不妨對鄭玄和孔穎達的註解再作一些引述。鄭玄注〈樂記〉本段論述曰：「清廟，謂作樂歌清廟也。朱弦，練朱弦，練則聲濁。越，瑟底孔也，畫疏之，使聲遲也。倡，發歌句也。三歎，三人從嘆之耳。大饗，祫祭先王，以腥魚為俎實，不膬熟

之。大羹，肉湇，不調以鹽菜。遺，猶余也。」孔穎達疏「清廟之瑟，朱弦而疏越，一倡（唱）而三歎」句曰：「清廟之瑟，謂歌清廟之詩，所彈之瑟朱弦，謂練朱絲為弦，練則聲濁也。越，謂瑟底孔也，疏通之使聲遲，故云『疏越』。弦聲既濁，瑟音又遲，是質素之聲，非要妙之響。以其質素，初發首一倡之時，而唯有三人歎之，是人不愛樂。雖然，有遺餘之音，言以其貴在於德，所以有遺餘之音，念之不忘也。」又，疏「大饗之禮，尚玄酒而俎腥魚。大羹不和，有遺味者矣」兩句曰：「此皆質素之食，而大饗設之，人所不欲也。雖然，有遺餘之味矣，以其有德質素，其味可重，人愛之不忘，故云『有遺味者矣』。」

可見，所謂有「遺音遺味」，就是說有「遺餘之音」「遺餘之味」，就是表現了貴「德」貴「本」的禮樂意義，目的在於「將以教民平好惡而反人道之正」。弄清這一點，非常重要。首先，如前所論，「遺音」與「遺味」，邏輯上也密切聯繫，「遺音」表現的是「德音」；「遺味」表現的是「質素」之德[17]，因此「遺音」亦有「遺味」，這樣就有用「味」來喻「音」的內在含義，成為後代「樂味」論的源頭。其次，所謂「遺音遺味」，換句話說，就是「餘音餘味」，而能表現出一種「質素之德」的禮樂意義，也就是說有「言外之意」，後代的文藝理論批評中的「餘味」說、「味外味」說等，其要旨也在於此，不過指向的是藝術境界的「言外之意」而已。再次，聯繫上文對《淮南子》分析，可以得到說

17　《禮記》關於「大羹不和」的論述有三處，除〈樂記〉外，見於〈禮器〉和〈郊特牲〉。〈禮器〉曰：禮有以多文為貴者、以少為貴者、以大為貴者、以小為貴者、以高為貴者、以下為貴者、以文為貴者和以素為貴者等八類，其中曰：禮「有以素為貴者：至敬無文，父黨無容，大圭不琢，大羹不和，大路素而越席（引按：指天子坐乘沒有多少裝飾的車乘，犧尊疏布冪（引按：指粗疏的布冪），樿杓（引按：指白色的紋理）。此以素為貴也」。〈郊特牲〉有類似的論述，可以相互參考。

明：所謂「質素」之德（所謂貴「本」等），正是漢代人們由此聯繫到老莊的自然平淡的「無味」論的關鍵之所在，或者說是其思想轉軌的關鍵。

再略作進一步分析。〈樂記〉的「遺音遺味」說，就其前後的邏輯來分析，所表現的理論觀念與《呂氏春秋》和《淮南子》並不完全相同。〈樂記〉是在嚴格區分「聲」「音」「樂」的理論前提下，從儒家的心性本體論的基本觀念出發，從「德音」的問題來討論「遺音遺味」的意義，也沒有用老莊思想來解說和發揮，如《淮南子》所謂「故無聲者，正其可聽者也；其無味者，正其足味者也」。在整體思想上，〈樂記〉受《荀子》〈樂論〉的影響較大。〈樂記〉由「大樂與天地同和，大禮與天地同節」，進而說到「樂者，天地之和也；禮者，天地之序也。和，故百物皆化；序，故君物皆別」，其目的在於：以天尊地卑的自然現象說明封建禮教的合理性。按照〈樂記〉的邏輯，也包含了這樣的思想：樂是一種人心之動，而人心之動，源於感物而動，而這「物」（外境），就「自然」的層面講，乃是一種「和而有序」的宇宙，「人聲」本之以成樂、本之以成詩。《荀子》本身在一定程度上吸取了前代的「陰陽五行」學說和道家的「自然」論思想，這也反映到〈樂記〉之中。這樣就有把這種「遺音」作為音樂普遍意義來看待和作為最高境界來追求的傾向，後代音樂理論批評家，普遍崇尚音樂的「素淡」「雅淡」之美，是與〈樂記〉這種「遺音遺味」說的影響有一定關係的，也是與〈樂記〉把樂之「和」的最高境界視為「天地之和」（以此來像徵人類的倫理宇宙的和諧）的思想有一定關係的。但〈樂記〉的「遺音遺味」說，畢竟是儒家思想，與《淮南子》並不相同。

2. 漢代揚雄、王充的「淡味」論

如前所論，《淮南子》的「遺音遺味」說，是與其站在道家立場

上，崇尚「無味」「淡味」的觀念密切聯繫的。其後，在「獨尊儒術」的思想局面下，黃老思想衰微，但崇尚「淡味」的審美理想，仍為不少人所主張，這突出地表現在西漢揚雄（前53-後18）和東漢王充（27-約97）的有關論述中。

揚雄《解難》云：「雄以為經莫大於《易》，故作《太玄》。客有難玄太深，眾人之不好也，雄解之，號曰《解難》。」揚雄回答其所設「客人」之問曰：

> 蓋胥靡為宰，寂寞為屍，大味必淡，大音必希，大語叫叫，大道低回。是以聲之眇者，不可同於眾人之耳；形之美者，不可混於世俗之目；辭之衍者，不可齊於庸人之聽。今夫弦者，高張急徽，追趨逐者，則坐者不期而附矣。試為之施《咸池》，揄《六莖》，發《簫韶》，詠《九成》，則莫有和也。……老聃有遺言，貴知我者希，此非其操與。（《全漢文》卷五十三，嚴可均校輯《全上古三代秦漢三國六朝文》）

雖然揚雄的《太玄》是一部哲學著作，但這裡揚雄畢竟較早地用「大味必淡」的觀點來論述「語言」和「思想」問題。揚雄認為「典謨之篇，雅頌之聲」，其表現出的「美感」是「溫純深潤」，而他的《太玄》，像《易》一樣，是「胥靡為宰，寂寞為屍」的。這與他論賦所謂「詩人之賦麗以則，辭人之賦麗以淫」（《法言》〈吾子〉）的觀點，實質上是一致的。

王充《論衡》（《諸子集成》本）具有豐富而深刻的「文學」思想，在「華實」（即「文質」）觀上，他認為，文章首先要以「實」（即「質」）為主，這種「實」包括真知灼見的思想內容和真實的思想感情

等方面，所謂「文由胸中而出，心以文為表」；而「華」（即「文」）
是附從於「實」的，不能以「華」害「實」或有「華」而無「實」。對
於論說文來講，猶如發矢「中的」，最重要的是能夠清楚地辨析道理。
這些思想集中表現在《論衡》〈超奇〉篇中：「實誠在胸臆，文墨著竹
帛，外內表裡，自相副稱，意奮而筆縱，故文見而實露也。」王充非常
重視「文章」要有真情實感：「觀谷永之陳說，唐林之宣言，劉向之切
議，以知為本，筆墨之文，將而送之；豈徒雕文飾辭，苟為華葉之言
哉？精誠由中，故其文語，感動人深。」（《論衡》〈超奇〉篇）一味「雕
文飾辭」的「華葉之言」，是其所反對的。所以，王充《論衡》〈自紀〉
篇，在回答別人認為他的著作「不能純美」時，就說：

　　夫養實者不育華，調行者不飾辭。……大羹必有淡味，至寶必有
瑕穢，大簡必有大好，良工必有不巧。然則辨言必有所屈，通文猶有
所黜。

　　這裡用「大羹必有淡味」，來說明自己「文章」那種「養實者不育
華」的文風和特點，並非說他自己的「文章」就沒有「華」，只是沒有
那種「雕文飾辭」的「華葉之言」，而是一種「淡味」之美。
　　揚雄和王充直接把「味」與「語言形式」聯繫起來，王充所說的
「華」與「實」，前者主要就是指文章的語言形式，後者主要就是指文
章的思想內容。把揚雄、王充對「大羹必淡」的審美境界的崇尚，與
秦漢以來「遺音遺味」說的邏輯發展結合起來看，可以看到，其中體
現了儒道結合、相互吸收的傾向。

四、簡要的研究結論

　　本於儒家禮樂文化而產生的「遺音遺味」說，對後代的「藝味」

說的影響是較為重大的。儒家在論述祭祀「神靈」的禮樂中，也表現了對「淡味」（即「本味」）的推崇，根據《尚書》等記載，至少在西周時代就存在這種觀念，而其後「大羹之味必淡」的思想觀念，又融入了道家的「無味」「淡味」的思想，就由祭祀的「禮樂」論向其他方面推延發展的趨向。特別是受到道家「大音希聲」觀念的影響，從《荀子》《呂氏春秋》到〈樂記〉《淮南子》的「遺音遺味」說的具體思想內容看，這種如「大羹之味必淡」的「淡味」，逐漸成為音樂最高的審美理想，由於先秦時期「詩樂舞」是合一的，其論述本身包括了「詩」，這就影響到「文學」。所以說，「遺音遺味」說，是後代提出詩（文）乃至書畫的創作要表現「遺味」「餘味」「平淡」之味的思想源頭之一。

第二章

「藝味」説的形成與玄佛思想

　　六朝是「藝味」説的形成時期。其時，以「味」論「藝」的風氣
逐漸興盛，特別是在南朝的齊梁時代，文藝創作發展到一個歷史階段
性的總結時期，產生了不少傑出的論著，如劉勰的《文心雕龍》、鍾嶸
的《詩品》等就是代表。在這些論著中，較多地使用「味」的範疇來
説明藝術的審美特徵。可以説，在六朝這一文藝理論批評的高峰時
期，「味」及其相關範疇已經形成為純粹的美學範疇，而且在一些論著
中，「味」也是構成其文藝觀念的主要範疇之一，這在文學、音樂、書
法乃至繪畫等不同藝術門類的批評論著中都有重要的體現。它更突出
地體現在文學批評上，提出了「義味」「精味」「餘味」「辭味」「韻味」
「清味」等一系列的範疇（或稱為概念群、範疇群），並把前代一些已
有的「味」的術語、概念直接運用於文藝批評上，如「道味」「遺味」
「滋味」「至味」等，這可以《文心雕龍》為代表。而「味」作為一個
動詞來使用，表示對藝術作品的體味、審美的意義，也十分常見。換

句話説，作為動詞的「味」（包括「體味」「玩味」「研味」等），在六朝及其後的文藝論著中，幾乎與現代美學所説的「審美」的範疇具有同等的含義。在此要特別強調一下，説六朝是「藝味」説的形成時期，是從總體上講的，其實「樂味」論、「詩味」論、「書味」論、「畫味」論等，其形成和發展的具體過程並不完全一致。之所以使用「形成」一詞，其理由不僅在於這一時期以「味」論「藝」的風氣逐漸興盛，更重要的理由還在於文藝理論批評家們在以「味」論「藝」之時，主要是從藝術精神出發的，用「味」來表述他們的審美體驗，用「味」來比喻藝術作品的美感，用「味」來説明藝術之所以為藝術的審美特徵。本章簡要分析了「藝味」説形成於六朝的主要原因和形成過程，接著對一些代表性的觀點和有關「味」的範疇進行了討論，其中分別列專節重點討論《文心雕龍》和《詩品》中的「味」論。

第一節　「藝味」説形成於六朝的原因

「藝味」説形成於六朝，就其最主要的方面講，有三個原因：一是由於藝術精神的自覺，這是首要的最重要的原因，以「味」論「藝」風氣的興盛，既是六朝藝術精神自覺的結果，同時也是其藝術精神自覺的體現；二是受六朝人物品評和清談玄理風氣的影響，在這種品評和清談中，有時也直接使用「味」的範疇來比喻人物或言談的美，而且常常跟「神」「氣」「韻」「情」「真」「清」「雅」等重要範疇聯繫在一起，對當時的文藝理論批評產生了重要的作用，其時和後代出現的「神味」「氣味」「韻味」「情味」「清味」「雅味」等審美範疇，與六朝人物品評和清談風氣有著重要的淵源關係；三是受佛教思想和佛學研究的影響。六朝是佛經傳譯的第一個高峰時期，也是佛教的地位

逐步獲得認可的時期。六朝文藝理論批評中的「味」之範疇群的出現，是與佛經傳譯、佛學研究中較多地使用「味」的術語、範疇有密切關係的。這種密切的關係是一種互相影響的關係，因為在六朝時期，就一般的語詞或「術語」意義而言，「味」（包括含「味」字的詞組）已經被較多地運用於文章的寫作之中，而佛學論著中對「味」的運用，既是這種普遍使用之風氣的體現，同時也助長了這種風氣。這種情況在西晉時代，就已經表現得非常突出。幾乎所有六朝文藝理論批評家所使用的「味」範疇，都在當時的佛學研究著作中出現過，而且其含義常常是較為一致的。特別是關於佛經翻譯的討論，譯者和評論者常常使用「味」的範疇來比喻譯文的「音義」「文質」等方面的問題，這些「味」的範疇並不都涉及佛教「義理」本身的內涵問題。如劉勰論「隱秀」說：「文隱深蔚，餘味曲包」（《文心雕龍》〈隱秀〉），而晉代的道安的〈阿毗曇序〉中，就提到「餘味」這個概念，而且明顯與劉勰所說的「餘味」的含義有基本相同的地方。

此外，我們不會忘記傳統的原因，六朝以前，以「味」論「藝」已經具有一定的傳統，而傳統的力量有時（特別是具體到某個批評家和某些具體問題時）是更為重大的，但對這一點，上一章已經作了分析（如「遺味」等），以後在具體問題的討論中，還將作必要的論述。

下面主要分析上述三個原因中的前兩個原因，至於第三個原因即受佛教思想和佛學研究的影響問題，這裡已略為點明，其具體論述，將在本章第三節聯繫《文心雕龍》中的「味」論進行分析。

一、從玄學自然觀、藝術精神的自覺與新的文藝觀的建立看「藝味」說的形成問題

自魯迅先生在《魏晉風度及文章與藥及酒之關係》一文發表以來，魏晉是「文學的自覺」（或「藝術的自覺」）時代的觀點，普遍為學術

界所接受。[1]近年一些專家學者對這一觀點提出了質疑和重新檢討。為了明確地說明問題，在此用「藝術精神的自覺」來表述我們的看法。所謂「藝術精神的自覺」，在此就是專門指六朝時期的藝術家和文藝理論批評家，在一定程度上自覺地擺脫先秦以來特別是西漢武帝至東漢中期（主要是建安以前）儒家經術思想對文學藝術的牢籠，而在玄學（乃至佛學思想）的深刻影響下，對文學藝術的審美特性的自覺追求和有意識的強調，因之而在文藝理論批評上，開始對文藝創作的內部規律進行深入的研究。就其歷史階段性的意義而言，這種「藝術精神的自覺」是從漢末開始而貫穿整個六朝時代的，有一個相對的歷史發展過程。這裡所謂「歷史階段性的意義」，就是指與以前相比，六朝時期的文藝家和文藝理論批評家對文藝的審美本質特性的認識逐漸深入，形成新的文藝觀念，在中國古代文藝觀念的發展演變史上，具有一定的「質變」意義；與其後相比，這種新的文藝觀念對後代文藝創作和理論批評產生了深遠的影響，並且得到進一步的深化發展。下面對六朝玄學自然觀及藝術精神的自覺與「藝味」說形成的關係問題，略從三個方面作簡要論述。

首先，六朝時期的文藝創作和理論批評，突出地表現出對「自然美」的崇尚，這是在玄學自然觀的影響和作用下產生的。隨著漢末社會的動盪和政治局面的混亂，「獨尊儒術」的思想文化格局被打破，玄學思潮勃然興起。湯用彤先生指出：「所謂魏晉思想，即老莊思想之新發展。玄學因於三國、兩晉時創新光大，而常謂魏晉思想，然其精神

---

1 魯迅該文說：「他（曹丕）說詩賦不必寓教訓，反對當時那些寓訓勉於詩賦的見解，用近代的文學眼光看來，曹丕的一個時代可說是『文學的自覺時代』，或如近代所說是為藝術而藝術（Art for Art's Sake）的一派。」《而已集》，人民文學出版社1973年版，第83-84頁。

實下及南北朝（特別南朝）。」[2]《老子》、《莊子》、《周易》在當時被
視為「三玄」之著，從玄學家王弼、何晏等人開始，就用老莊的道家
思想來解釋儒家的經學，一掃漢代「經今古文學」的爭議和煩瑣比附
之病。在玄學思潮的發展上，有王弼、何晏尚「老學」（《老子》）和
嵇康、阮籍尚「莊學」（《莊子》）的不同[3]；有以王弼為代表的崇「無」
論和以郭象為代表的崇「有」論的差別；有「自然」與「名教」關係
的爭議，其中以王弼等主張「名教」本於「自然」，嵇康等主張「越名
教而任自然」，郭象等主張「名教」即「自然」三種觀點為代表；還有
從「正始」時代宣揚道家思想，發展到東晉以後日益走向與佛教思想
（特別是「般若」學）結合的重要區別等。雖然有以上種種的不同，但
玄學一般都認為自然即道、道即自然，這對老子「道法自然」論是一
種新的突破，對儒家道德優先論更是一種反動。在這種哲學思想影響
下，從審美的觀照方式來看，它刺激了藝術家尋覓到莊學「目擊而道
存」（《莊子·田子方》）的觀點，從而孕育為一種「以玄對山水」（玄
言詩人孫綽語）的審美心胸[4]，認為「山水以形媚道」（宗炳《畫山水
序》），體會到「山水是道」（山水是「道」的外現）的形而上的精神。
這也使其時有些「味」的美學範疇，其內在的含義常常表現出對「言外」
「象外」之形而上精神的包容，如劉勰所提出的「餘味」，就是如此。
劉勰的「餘味」說，可謂是後代「味外味」論的先聲，在其後文藝理
論批評的發展中，「餘味」與「味外味」幾乎具有同樣的含義。雖然這

2　湯用彤：《理學·佛學·玄學》，北京大學出版社1991年版，第315頁。

3　湯用彤曰：「王何之學為老子之學，老學主抱一；嵇阮講《莊子》，莊學主逍遙。」《理
　　學·佛學·玄學》第334頁。

4　《世說新語》〈容止〉篇注引孫綽（314-371）《庾亮碑文》曰：「公雅好所托，常在塵
　　垢之外，雖柔心應世，蠖屈其跡，而方寸湛然，固以玄對山水。」引《世說新語》
　　語，均據余嘉錫：《世說新語箋疏》，上海古籍出版社1993年版。

種「山水是道」的玄學觀念，導致了審美主體的心靈意向性指向山水自然之背後的玄道意旨，其對應性地落實到創作實踐上就是玄言詩的產生，但「目擊道存」的思想觀念以及玄言詩本身，畢竟就是晉、宋時代以陶淵明、謝靈運為代表的田園、山水詩產生的基礎，並為文藝理論家要求詩歌創作採用「目擊直尋」（鍾嶸〈詩品序〉語）的審美方式去觀照「自然」，奠定了理論基石。這與鍾嶸批評玄言詩寡乎情味的觀點並不矛盾。對「自然」美的推崇，在劉勰《文心雕龍》中也表現得非常突出。在音樂、繪畫的美學理論上，嵇康的《聲無哀樂論》和宗炳的《畫山水序》最能說明問題。嵇康認為音聲有「自然之和」，把「自然」推至音樂藝術的至上本體之境。宗炳《畫山水序》把儒家「仁者樂山」的「比德」說，與道家「乘物以游心」的觀點糅合為一體，貫徹了「自然為本」的思想原則。他說：「聖人含道應物，賢者澄懷味象。……夫聖人以神法道，而賢者通；山水以形媚道，而仁者樂，不亦幾乎？」正是在這種「自然」本體論的美學觀念的影響下，爾後才有真正山水畫的產生。

其次，六朝時期的文藝創作和理論批評，突出地表現出對「文采」等藝術形式美的重視與追求，這與「文章辨體」意識的自覺、文學風格的分析和風格類型的歸納研究，也是密切聯繫在一起的。曹丕（187-226）《典論》〈論文〉云：「夫文本同而末異，蓋奏議宜雅，書論宜理，銘誄尚實，詩賦欲麗。」從文體的辨析角度出發，指出此「四科」的不同，這本身反映了文學觀念的演進。文體辨析的意識，在《漢書》〈藝文志〉中就已經有所體現，而蔡邕的《獨斷》等著作，也表現了這種意識。曹丕直接說「詩賦欲麗」，表現了其對詩賦這樣的「純文學」的文采等藝術形式美的自覺認識和追求，雖然曹丕仍然認為文章乃「經國之大業」，繼承了儒家的文學功利觀，但其「詩賦欲麗」的強調，明

顯與漢代揚雄「詩人之賦麗以則，辭人之賦麗以淫」（《法言》〈吾子〉）的觀點不同，沒有再從儒家「文質」觀出發，強調所謂「則」（「則」就是要重視賦的思想內容的「質」和諷喻意義），而批評所謂「淫」（「淫」就是指過度地追求辭藻的華飾）。

　　自曹丕提出「四科八體」說之後，西晉時代，「文章辨體」意識得到進一步自覺的發展，對詩賦創作的文體的辨析也愈加細密。如早於陸機的著名文學家傅玄（217-278）就是突出的代表。傅玄《擬四愁詩序》曰：「張平子作《四愁詩》，體小而俗，『七』言類也。聊擬而作之，名曰《擬四愁詩》。」（《全晉文》卷四十六[5]）這是從辨體角度對張衡《四愁詩》的分析，其目的是為了創作的需要。傅玄還對「連珠」、賦之「七」體作過認真的研究。這種「辨體」的功夫，也是一種審美鑑賞和體驗的功夫，不僅注重對作品的體制結構的分析把握，也力圖指出其個性的風格美，如認為「連珠」之文體，有「辭麗而言約」「必假喻以達其旨」的共同特點，但不同作家作品的風格不同，所表現的美感不同，所謂班固「喻美辭壯」、蔡邕「言質而辭碎」、賈逵「儒而不艷」「傅毅文而不典」（〈連珠序〉，《全晉文》卷四十六）云云。又如傅玄對「七」體的分析，不僅論述其創作的歷史發展過程，還通過對作品進行比較，得出「《七辨》之纏綿精巧，《七啟》之奔逸壯麗，《七釋》之精密閒理」（〈七謨序〉，《全晉文》卷四十六）等鑑賞結論。在《文心雕龍》中，可以看到這種方法被普遍地使用。這就是當時人們所說的「體味」「玩味」作品所要達到的目的之一，也正是在這樣的批評閱讀的風氣下，「味」才被用來作為純粹的美學範疇，來表示審美

5　本書所引《全後漢文》《全三國文》《全晉文》《全宋文》《全梁文》等，均據嚴可均校輯《全上古三代秦漢三國六朝文》，中華書局1958年版。

鑑賞主體對藝術作品的審美的體驗和美感的分析。而西晉的陸機、摯虞和東晉的李充等，對文體的辨析更加注重。

　　陸機《文賦》將文體分為十種，其中將詩和賦分開論之，認為：「詩緣情而綺靡，賦體物而瀏亮」。摯虞（？-311）《文章流別論》已經散佚，僅現存佚文數則就論及十餘種文體，注重對各種文體歷史演變的考察，並列舉作品加以說明。李充（生卒年不詳，晉明帝時在世）《翰林論》的一個鮮明特點，就是聯繫風格來對文體進行辨析，這些都是對傅玄所運用之方法的一種繼承和發展。這種文體辨析的理論與批評，都是「藝術精神自覺」的體現。到完成於南齊末年的《文心雕龍》，其辨體方法也更加科學，分析更加全面，劉勰的方法就是「原始以表末，釋名以章義，選文以定篇，敷理以舉統」（《文心雕龍》〈序志〉），把「史」「論」「評」三者結合在一起，表現出一種批評方法論意識的自覺。《文心雕龍》上篇更是著重於討論文體，計一百六十餘種。《文心雕龍》還對文章的風格類型進行歸納分析，〈體性〉篇認為：「若總其歸涂，則數窮八體：一曰典雅，二曰遠奧，三曰精約，四曰顯附，五曰繁縟，六曰壯麗，七曰新奇，八曰輕靡。」這對藝術作品的審美特性的探究是十分深入的，這些風格類型的歸納，不僅是與作品的思想內容相關的，也直接涉及作品的「形式」美方面的問題。陸機說的詩的「綺靡」與賦的「瀏亮」，就是指的文采、音韻等方面的形式美。

　　六朝文論家強調「自然」而有「文」（認為「自然」本身有「文」「自然」即「文」），可謂是其一個重要特點，與後代崇尚「自然」而追求「平淡」之美（如宋代歐陽修、蘇東坡等）的審美理想是不同的，這除了文學創作本身的實踐給理論批評家以啟發外，主要是由於他們既接受了玄學「自然」觀的影響，同時又繼承了儒家尚「文」的傳統，其中也突出地受到《周易》關於「文」的觀念的影響。《周易》〈繫辭下〉

云：「物相雜為文。」虞翻解釋曰：「乾，陽物，坤，陰物，純乾純坤之時，未有文章。陽物入坤，陰物入乾，更相雜，成六十四卦，乃有文章，故曰文。」而王弼只簡單地注云：「剛柔交錯，元黃錯雜。」[6]其意為「物」之「剛柔交錯，元黃錯雜」而成「文」。二人雖不同，但都注重了「物相雜」的「雜」字之義。「物相雜為文」的觀點，其中包涵了「物」（自然外物）本身有「文」的思想。所以《文心雕龍》〈原道〉云：「（人）為五行之秀，實天地之心，心生而言立，言立而文明，自然之道也。旁及萬品，動植皆文……」可以說，「自然」和有「文」這個一而二、二而一的觀點，是構成《文心雕龍》理論批評體系的內在邏輯基點之一。鍾嶸也明確崇尚「自然英旨」，認為「班固《詠史》，質木無文」。

另外，從創作實踐上講，六朝時期駢文的寫作蔚成風氣，劉勰的《文心雕龍》本身也是用駢文寫成的，而且是十分優美的駢文。駢文除了講究用典、聲韻、對偶外，還特別講究運用華美的辭藻，這是駢文的最重要的四大表現特點。《文心雕龍》的〈章句〉〈麗辭〉〈事類〉以及〈聲律〉等篇，就是專門講這些問題的，當然不限於駢文。南朝沈約（441-513）等把當時發現的「四聲」運用到詩歌創作上，自覺追求聲韻的形式美。但對於「韻」，晉代文學家就自覺地開始重視，如陸機、陸雲就是代表。從現存的陸雲給陸機所寫的書信三十多首中，可以得到明確的說明，如其第十二首中說「思不得其韻，願兄為益之」，就是討論自己所作的《喜霽賦》的用「韻」問題的。陸機《文賦》也專門論述了「聲韻」的問題。其後，《後漢書》的作者范曄（398-445），說自己「性別宮商，識清濁」，在《獄中與諸甥姪書》有這樣一段論

6　〔清〕孫星衍：《周易集解》下冊，上海書店1988年版，第674頁。

述：

> 文患其事盡於形，情急於藻，義牽其旨，韻移其意。……常謂情志所托，故當以意為主，以文傳意。以意為主，則其旨必見，以文傳意，則其詞不流。然後抽其芬芳，振其金石耳。……性別宮商，識清濁，斯自然也。觀古今文，人多不全了此處，縱有會此者，不必從根本中來。言之皆有實證，非為空談。年少中謝莊最有其分，手筆差易，文不拘韻故也。（《全宋文》卷十五）

范曄在此論及「事」「義」「意」「情」、「韻」等概念，並論述其相互間的關係，提出了「以意為主，以文傳意」的著名論點。這就是說，文章的辭藻、音韻的運用，必須服從文章內容的需要，不能「義牽其旨，韻移其意」，對聲韻要精通，表現要自然，所謂「文不拘韻」。沈約《宋書》〈謝靈運傳論〉和劉勰《文心雕龍》〈聲律〉篇，明顯受到陸機、范曄等人的「聲韻」論的影響。這些充分表明文學的審美特徵，在六朝是多麼地為人們所關注。

再次，六朝時期的文藝創作和理論批評，強調或者說重新強調藝術的抒情原則。《毛詩序》曰：「詩者，志之所之也，在心為志，發言為詩。情動於中而形於言，言之不足故嗟嘆之，嗟嘆之不足故永歌之，永歌之不足，不知手之舞之，足之蹈之也。情發於聲，聲成文謂之音。治世之音安以樂，其政和；亂世之音怨以怒，其政乖；亡國之音哀以思，其民困。故正得失，動天地，感鬼神，莫近於詩。先王以是經夫婦，成孝敬，厚人倫，美教化，移風俗。」這些觀點在儒家思想占統治地位的漢代具有代表性的意義。

「詩言志」是先秦時期建立起來並得到普遍認可的文學觀念，「志」

本身包括思想和情感兩個方面的含義，這一命題說明我國文藝創作和理論批評觀念，從很早時期就立足於從創作主體或者說審美主體的角度來認識文藝的本質。可是，在上引《毛詩序》的這段論述中，雖然強調詩歌的言志抒情的特點，但最終歸結到「經夫婦，成孝敬，厚人倫，美教化，移風俗」的倫理的和政治的功能上，所以，從這一角度說，《毛詩序》所持的觀點，已經將「詩言志」說改造為「詩緣政」說[7]。而六朝時期的文藝理論批評家不僅矯正了在獨尊儒術的漢代把「詩言志」論狹隘化的傾向，而且直接主張「詩緣情」說（陸機《文賦》）。其後劉勰也明確主張「為情而造文」，認為「繁采寡情，味之必厭」（《文心雕龍》〈情采〉），鍾嶸更是特別強調詩歌抒發情感特別是「怨」情的作用。這都在一定程度上突破了《毛詩序》所謂「發乎情，止乎禮義」和《禮記》〈經解〉所謂「溫柔敦厚，詩教也」的觀點。南朝宋文帝時，把文學與儒學、玄學、史學相併立[8]，文學觀念的演進更是從形式角度著眼的「文筆」之分[9]，發展到重視抒情和藝術的表現，這表現了藝術精神的自覺在六朝最終發展到一個歷史階段性的「頂點」。梁元帝蕭繹《金樓子》〈立言〉篇云：

7　「詩緣政」的說法，乃唐孔穎達所闡釋，但實質是對漢人觀點的說明。《毛詩正義》卷九之一所附鄭玄《詩譜》〈小大雅譜〉曰：「其用於樂，國君以小雅，天子以大雅。」云云。孔穎達疏曰：「……小雅之為天子之政，所以諸侯得用之者，以詩本緣政而作，臣無慶賞威刑之政，故不得有詩。而詩為樂章，善惡所以為勸戒，尤美者可以為典法，故雖無詩者，今得進而用之，所以風化天下，故曰：用之鄉人焉，用之邦國焉。」

8　《宋書》卷九十三〈雷次宗傳〉云：「（元嘉十五年）會稽朱膺之、穎川庾蔚之並以儒學監總諸生。時國子學未立，上留心藝術，使丹陽尹何尚之立玄學，太子率更令何承天立史學，司徒參軍謝元立文學，凡四學並建。」

9　《文心雕龍》〈總術〉云：「今之常言，有文有筆，以為無韻者筆也，有韻者文也。」

　　至如不便為詩，如閻纂；善為章奏，如伯松；若此之流，凡謂之筆。吟詠風謠，流連哀思者，謂之文。……筆，退則非謂成篇，進則不云取義；神其巧惠，筆端而已。至如文者，惟須綺縠紛披，宮徵靡曼，唇吻遒會，情靈搖盪。

　　這種「文」的觀念，與今天所說的「文學」是相當接近的。而就漢末以後的創作而言，儘管大賦的創作，仍為人所重視，但大賦創作的那種興盛局面，已為抒情小賦所替代，詩歌的創作也從《古詩十九首》開始，走向表達個人情懷為主的抒情道路。

　　以上關於六朝新的文藝觀念的三個方面（自然美、文采美、抒發情感）的論述，是不全面的，目的在於說明問題。因為六朝時期出現各種「味」的美學範疇，包括這些方面的內涵，例如，「辭味」就主要是從文采等形式美的角度說的；又如「情」和「味」的關係，劉勰、鍾嶸等人作過論述，後代有「情味」這樣的美學範疇。所以，以上所論，也是下節討論幾種代表性的「味」論觀點的前提。

　　所謂文藝觀，主要就是指對藝術性、文學性的認識，與以前相比，六朝文藝觀之新的內涵與新的精神，主要表現為崇尚自然美、文采美（詩賦駢文等所謂「有韻之文」還要講聲韻的美）、抒發情感等方面，同時還體現在文藝創作的「神思」（藝術的思維方式、藝術想像及虛構的特點）和「言」「象」「意」的關係等內部規律的認識上。但後面這個問題主要是關於創作過程的問題，這裡也略作簡要論述。

　　從文學作品的創作講，六朝以前無疑有大量的文學作品，而且從先秦到兩漢，文學藝術的發展歷史也已經走過很長的道路了，但為什麼沒有或者說很少有關於「為文之用心」的研究呢？原因很多，但主要還是思想觀念的問題。湯用彤先生《魏晉玄學和文學理論》一文的

研究結論認為：「魏晉南北朝文學理論之重要問題實以『得意忘言』為
基礎。言象為意之代表，而非意之本身，而盡意莫若言象，故言象不
可廢；而『得意』（宇宙之本體，造化之自然）須忘言忘象，以求『弦
外之音』『言外之意』，故忘象而得意也。」[10]玄學關於「言」「象」
「意」關係的論述和文藝觀念的變化之影響，是六朝文藝理論批評家開
始探討文藝創作過程的最主要的原因。陸機《文賦》前小序云：

　　余每觀才士之所作，竊有以得其用心。夫放言遣辭，良多變矣。
妍蚩好惡，可得而言；每自屬文，尤見其情。恆患意不稱物，文不逮
意。蓋非知之難，能之難也。

　　這裡提出為文之「用心」的核心問題，就是「文」「物」「意」三
者的關係問題。這三者的關係本是創作過程中一個「整體性」的問題，
但強行分開來說，可作如下理解：審美主體心中的「物」乃是主觀的
「意」和客觀的「物」構成的「意象」，心中的「物象」為附著了「意」
並為「意」改造為美的「意象」，它是「心」與「物」交融的結果，有
了「意象」還需要通過一定的媒介（文學是運用「語言」）來表現的，
表現之時，就會產生後人所謂「了於心」而不能完全「了於手和口」
的矛盾問題，這就是所謂「言不盡意」。「意象」被用為專門美學範疇，
見於《文心雕龍》〈神思〉篇：

　　故思理為妙，神與物游。……然後使玄解之宰，尋聲律而定墨；
獨照之匠，窺意象而運斤。此蓋馭文之首術，謀篇之大端。

10　湯用彤：《理學・佛學・玄學》，北京大學出版社1991年版，第330頁。

　　陸機《文賦》雖然沒有運用「意象」這一範疇，但實質上也論述了「意象」的創造問題。其論述在審美「虛靜」中展開「藝術想像」進行藝術構思時說：「其始也，皆收視反聽，耽思傍訊。精騖八極，心游萬仞，其致也，情曈曨而彌鮮，物昭晰而互進。」審美主體的「情」（即「心」）和審美對象的「物」相互交融，即劉勰所謂「神與物游」，交融的結果就是審美「意象」的產生。

　　《周易》〈繫辭〉提出了「書不盡言，言不盡意」，又說「聖人立象以盡意」，認為「象」對於「意」，有著「言」所不能及的表現功能。《莊子》〈外物〉篇云：「筌者所以在魚，得魚而忘筌；蹄者所以在兔，得兔而忘蹄；言者所以在意，得意而忘言。」玄學家的「言意之辨」就是從《周易》和《莊子》而來的。王弼在《周易略例》〈明象〉中云：「言者所以明象，得像而忘言；象者所以存意，得意而忘象」（按：《易》之「象」本是指卦象，其所謂「言」本是指對卦象的解釋如象辭等）。這就是說，「言」在一定程度上是可以「盡意」的，可以通過對「象」的表現來「盡意」，但「言象」並不能完全「盡意」，而且「盡意」也不是其「目的」，所以要「忘象」「忘言」，突破「言象」的有限性，達到對「道」的把握。六朝和後代關於藝術的「言外之意」「韻外之致」的探求，正是淵源於此。

　　湯用彤先生《魏晉玄學和文學理論》一文還曾指出玄學的「得意忘言」即「言意之辨」的理論命題對六朝時期的音樂和繪畫理論產生了深刻影響，認為：「音樂所以傳天籟，豈限於哀樂；繪畫亦所以傳天工，豈限於形體。漢代人觀人之方法，根本為相法，由外貌差別推知其體內五行之不同。……其後人倫識鑑乃漸重神氣，形體可知，神氣難言，而入於虛無難言之域。因之人物畫法亦受此項風尚之影響。」如顧愷之（346-407）的「傳神寫照」（《世說新語》〈巧藝〉）論，「蓋亦

根植於『得意忘言』之學説也。」又論曰：「繪畫重『傳神寫照』，則已接於精神境界、生命本體、自然之美、造化之工也。……晉人從人物畫到山水畫可謂宇宙意識尋覓充足的媒介或語言之途徑。蓋時人覺悟到發揭生命之源泉、宇宙之奧秘，山水畫比人物畫為更好之媒介，所以即在此時『老莊告退，而山水方滋』。晉人到此發現了這種更好的媒介，故不但用之於畫，而且用之於詩，而山水詩興焉。」[11]這些分析是十分精到的，説明了六朝文藝創作和發展（詩從玄言詩到山水詩，畫從人物畫到山水畫等），共同受到玄學「得意忘言」之思想的影響。范曄在《獄中與諸甥姪書》中認為自己不善於談玄，所作的文章「但多公家之言，少於事外遠致」。這種對「事外遠致」的審美理想的追求，正是玄學「得意忘言」的精神體現。不過范曄精通音樂，稍稍彌補了他的遺憾：「吾於音樂，聽功不及自揮，但所精非雅聲，為可恨。然至於一絕處，亦復何異邪？其中體趣，言之不可盡，弦外之意，虛響之音，不知所從而來。」（《獄中與諸甥姪書》）范曄自己説「所精非雅聲」，反映了傳統「雅樂」在當時的衰微情況。音樂所表現的「弦外之意」，也就是范曄説的「事外遠致」。而且宗炳《畫山水序》明確説：「夫理絕於中古之上者，可意求於千載之下；旨微於言象之外者，可心取於書策之內。」宗炳的「言象之外」，與范曄説的「事外遠致」，其精神意旨是一致的。宗炳以山水畫寄託自己的體「道」的情懷（湯先生所謂以山水畫為「發揭生命之源泉、宇宙之奧秘」的媒介），以大自然所謂「天勵之叢」「無人之野」為自己「得意」「暢神」之所（《畫山水序》）。正是在玄學乃至佛學（如宗炳也是佛學研究者和佛教信仰者）的思想影響下，六朝文藝理論批評家才非常關注「萬趣融其神思」

11　以上兩段引文見湯用彤《理學·佛學·玄學》，第322-323頁。

的「神思」問題，並最後由劉勰在《文心雕龍》中，以「神思」為題，列為專篇，來探討藝術的思維問題、「意象」的構思問題、「虛靜」的審美心理問題等。

如果要想真正瞭解劉勰論「隱秀」等問題時提出的「餘味」、鍾嶸論五言詩的美感而提出「滋味」等範疇的產生原因，以及這些範疇所包含的美學內涵，必須充分認識到這些範疇的提出，是與其時對文藝創作的內部規律的深入研究分不開的。否則，就會感到詫異乃至於不理解，認為鍾嶸〈詩品序〉所謂「五言居文詞之要，是眾作之有滋味者也」中的「滋味」，不是一個美學範疇，與鍾嶸的審美理想和批評標準乃至創作原則沒有多大關係。持這種懷疑論者，是因為其對六朝時期（乃至六朝之前）以「味」論「藝」的批評風氣缺乏整體的歷史把握造成的。

二、人物品評與清談玄理對以「味」論「藝」風氣逐漸興盛起來的影響

從漢魏至兩晉、南朝，隨著社會政治變遷，人物品評與清談玄理，有一個從「名實」到「名理」的轉變，這一轉變約略體現為四種「走向」：即從骨相形貌走向氣韻神明；從「綜核名實」走向「言意之辨」；從政治人才走向玄學人格；從儒法刑名走向老莊佛學。從而在總體上，表現出從功利性的實用精神，走向究心玄遠的審美精神。

《世說新語》〈文學〉載云：「舊云，王丞相過江左，止道『聲無哀樂』『養生』『言盡意』三理而已，然宛轉關生，無所不入。」從《世說新語》的有關記載中，可以說明與魏晉之際不同，東晉時期的名士談玄，注重玄理本身的探究，如所謂「聲無哀樂、養生、言盡意」的「三理」問題，而且也討論佛經中一些名理問題。這就日益脫離了具體的社會現實，而受到一些有識之士的批評。如當時的應詹（？-331）《上

疏陳便宜》云：

> 性相近，習相遠。訓導之風，宜慎所好。魏正始之間，蔚為文林。元康以來，賤經尚道，以玄虛宏放為夷達，以儒術清儉為鄙俗。（《全晉文》卷三十五）

南朝宋齊之際，佛教愈加得到崇敬，儒學也在一定程度上得到復興，而人物品評和清談玄理的風氣也開始消歇，但並沒有絕跡。這從王僧虔（426-485）撰於劉宋時期的《誡子書》可以得到說明：

> 曼倩有云：「談何容易。」見諸玄，志為之逸，腸為之抽，專一書，轉誦數十家注，自少至老，手不釋卷，尚未敢輕言。汝開《老子》卷頭五尺許，未知輔嗣何所道，平叔何所說，馬、鄭何所異，《指例》何所明，而便盛於麈尾，自呼談士，此最險事。（《南齊書》卷三十三《王僧虔傳》）

從王僧虔所述中，我們可以看到談玄名士們所閱讀的書籍和專研的論題，而且清談玄理的習氣，仍為貴族子弟們所喜好，故王僧虔才有對自己的兒子勸誡的必要。從魏晉之際到晉宋之際，清談玄理的風氣已沿襲數百年，所以亦已到了「總結」的時期，其標誌性的「總結」著作，就是撰於宋世的劉義慶（403-444）《世說新語》及後來梁人劉孝標（462-521）為《世說新語》所作的注。《世說新語》及其劉注，不僅生動地記載了魏晉時期人物品評和清談玄理的事蹟，從中可以看到這種品評和清談風氣對當時文藝理論批評的影響，而且其本身作為一個記載魏晉名士高談玄理的「經典文本」，一直為後代文人所樂於研閱，

對後代的文藝理論批評家產生了長久而深刻的影響。

就人物品評和清談玄理中的「味」的概念而言，主要有兩種類別：

第一，「淡味」「風味」等概念，用來指人物的個性特點。如劉劭（三國魏人）認為聖人的「中庸之性」，具有「五常既備，包以淡味」（《人物誌》〈九徵〉）的特徵，這也表現了儒道結合的傾向，從中可以看到玄學思潮的影響。下面再列舉兩條例證：

> 支道林喪法虔之後，精神隕喪，風味轉墜。常謂人曰：「昔匠石廢斤於郢人，牙生輟弦於鍾子，推己外求，良不虛也。冥契既逝，發言莫賞，中心蘊結，余其亡矣！」卻後一年，支遂殞。（《世說新語》〈傷逝〉）

> （戴）逵執操貞厲，含味獨遊。年在耆老，清風彌勁。東宮虛德，式延事外。宜加旌命，以參僚侍。逵既重幽居之操，必以難進為美。宜下所在，備禮發遣。」（司馬道子《請征戴逵疏》，《全晉文》卷十七）

劉劭所説的「淡味」以及《世說新語》所説的支道林的「風味」都是指人的性情和精神風貌的[12]。而所謂「含味獨遊」的「味」乃是指「道味」，也就是指戴逵的那種「執操貞厲」「幽居」體「道」之精神境界。此前，嵇康《聖賢高士傳》〈原憲〉云：「原憲味道，財寡義豐。棲遲蓽門，安賤固窮。絃歌自樂，體逸心沖。進應子貢，邈有清風。」（《全三國文》卷五十二》）原憲在嵇康的筆下，被改造為一個「絃歌自樂，體逸心沖」的超脱世俗的高人逸士，有「清風」的精神風貌。

12　又如梁代任昉《答陸倕感知己賦》云：「既蘊藉其有餘，又淡然而無味。得意同乎卷懷，違方似乎仕氣。類平叔而靡雕，似子台而不朴。」（《全梁文》卷四十一）

會稽王司馬道子說戴逵「含味獨遊」的「味」是名詞，而嵇康說「原憲味道」的「味」是動詞，但其所包含的內在意義比較接近。

第二，「味」在《世說新語》中，更多是指對玄理的鑽研與對清談言語的體會或指這種玄理的理趣與具有體會玄理的情懷、心境等。如：

《莊子》〈逍遙篇〉，舊是難處，諸名賢所可鑽味，而不能拔理於郭、向之外。支道林在白馬寺中，將馮太常共語，因及〈逍遙〉。支卓然標新理於二家之表，立異義於眾賢之外，皆是諸名賢尋味之所不得。後遂用支理。（《世說新語》〈文學〉）

太傅東海王鎮許昌，以王安期為記事參軍，雅相知重。敕世子毗曰：「夫學之所益者淺，體之所安者深。閒習禮度，不如式瞻儀形；諷味遺言，不如親承音旨。王參軍人倫之表，汝其師之……」（《世說新語》〈賞譽〉）

康僧淵在豫章，去郭數十里，立精舍，旁連嶺，帶長川，芳林列於軒庭，清流激於堂宇。乃閒居研講，希心理味。（《世說新語》〈棲逸〉）

孫長樂（引者按：即孫綽）作王長史（引者按：即王濛）誄云：「余與夫子，交非勢利，心猶澄水，同此玄味。」（《世說新語》〈輕詆〉）

從《世說新語》中，還可以看到清談玄理和品評人物，經常運用自然景物作形象化的比喻，如「千丈松」「松下風」「瑤林瓊樹」「春月柳」等等；湧現出大量的審美化的術語、概念，如「神」「簡」「真」「遠」「逸」「秀」「清」「風骨」「骨氣」「風神」「情致」等等。在這

些概念中，其中就還有如上所說的「味」及其相關概念，如「淡味」「風味」「玄味」「理味」等名詞性的術語、概念，還有如「尋味」「鑽味」等動詞性的術語、概念。不僅是人物品評和清談玄理的風氣本身影響了六朝文藝的審美鑑賞與批評，而且這些品評和清談所使用的審美化的術語、概念，也被直接移植到文藝理論批評的論著之中。而就「藝味」說的形成而言，這些有關「味」的概念，亦在文藝理論批評著作中轉化為美學的范疇，來表示審美體驗和對美感的分析，就此而言，這種影響是非常深遠的，也並不僅限於六朝時期。

第二節　六朝「藝味」說的幾種主要觀點

本節首先對六朝「文章」中所使用的「味」的語詞和術語（少數也就可以視為「准美學概念」），略作舉證分析，然後重點論述六朝「藝味」說的幾種主要觀點，而關於《文心雕龍》和《詩品》中的「味」論，下面將分別作專門討論。從六朝「藝味」說的形成過程看，「味」正是由一般語詞和術語而發展成為純粹的美學概念和範疇的，在六朝文藝理論批評論著中，作為美學範疇的「味」，有一個鮮明的表現特點，這就是逐步由次要的概念發展為主要的概念，雖然還沒有成為構成一種理論體系的中心範疇，但有朝這一方向演變的趨勢。這主要表現在「詩論」中，如從鍾嶸到顏之推論詩的「滋味」（美感），就有這種演變的傾向。也就是說，在鍾嶸《詩品》中，「味」（滋味）只是其所使用的一個主要概念（《文心雕龍》也是如此），而在《顏氏家訓》〈文章〉篇中，就有用「味」（滋味）來專門表示詩歌美感的傾向。到了唐宋時期，「味」常常成為某些詩論家進行理論批評的中心範疇，這可以司空圖作為代表；而明清時期，文藝理論批評之派別日繁，觀點

日多，特別是其批評與研究也愈來愈細緻，「味」再次由中心範疇演變為主要範疇或次要範疇（概念），因為「味」主要還是在「美感」的意義上來使用的，並不能涵蓋其他理論內容，這是就其歷史發展的總體特徵而言的。

一、六朝「文章」中所使用的「味」的語詞和術語舉例及其與作為美學範疇之「味」的關係

六朝「文章」中較為普遍地使用了「味」的語詞，這些「味」的語詞，有些只是在一般意義上來使用的，如指食物之「味」等，並沒有什麼特別的意義，只有少數形容食物之「味」的術語對後代有一定的影響[13]但也有不少「味」的語詞，具有一定的思想內涵或者「審美」的意義，可以視為「准美學概念」，對「味」形成為美學範疇具有特定的作用，因為如前所說，「味」正是由這樣的一般語詞、術語演變為美學範疇的。

這些「味」的語詞和術語，有些是出於用典的原因，如「鼎味」[14]，這與伊尹「說湯以至味」的故事有關（《呂氏春秋》〈本味〉）[15]，又如「忘味」[16]，用孔子聞《韶》而「忘味」之事等；但也有不少是六朝時期新出現的「味」的語詞，如下列材料中，桓玄提出的「清味」、范曄提出的「裁味」以及蕭衍所說的「辭味」等，不少與人物品評和

13　如張翰《豆羹賦》佚文有：「太羹居正，眾味歸宗。」（《全晉文》卷一百七）這不過是用「大羹不和」的典故而已。又，傅玄《李賦》：「浮彩點駮，赤者如丹，入口流溉，逸味難原。」（《全晉文》卷四十五）傅玄《七謨》佚文也有：「逸味橫生。」（《全晉文》卷四十六）「逸味」這一術語被後代文藝理論批評家用為審美的概念。

14　如應詹《薦韋泓於元帝》：「若蒙銓召，付以列曹，必能協隆鼎味，緝熙庶績也。」（《全晉文》卷三十五）

15　參閱本書第五章第二節關於「味」與中國古代飲食文化關係的討論。

16　如應璩（字休璉，應瑒之弟）《與從弟君苗君冑書》述「北遊」之樂，云：「雖仲尼忘味於虞韶，楚人流遁於京台，無以過也。」（《全三國文》卷三十）

清談玄理有關。下文加以舉證的都是與文藝批評略有關係的例證，其中特別值得重視的是下列中卞蘭的《贊述太子賦並上賦表》、桓玄《與袁宜都書論嘯》等文。舉證的目的有二：一是可以進一步說明前面所論及的關於人物品評和清談玄理的風氣對「藝味」說形成之影響的問題；二是可以幫助瞭解六朝文藝家之所以用「味」來論「藝」，是具有特定的文化基礎的，僅就「語言」角度而言，也是時代風氣之使然。風氣既成，後代遂沿襲而不衰，且隨著時代的發展，後代的與「味」有關的語詞日益滋生，難於詳述，但莫不因前代而衍生，僅此之故，也有列舉的必要。下面所列，凡屬於專門品評與研討佛經傳譯問題者不舉。如：

伏惟太子研精典籍，留意篇章，覽照幽微，才不世出，……竊見所作《典論》，及諸賦頌，逸句爛然，沈思泉湧，華藻雲浮，聽之忘味，奉讀無倦。（卞蘭《贊述太子賦並上賦表》，《全三國文》卷三十）

少而好學，在官則勤於吏治，在家則滋味典籍。（杜預《自述》，《全晉文》卷四十三）

音均不恆，曲無定製，行而不流，止而不滯。隨口吻而發揚，假芳氣而遠逝。音要妙而流響，聲激曜而清屬。信自然之極麗，羌殊尤而絕世，越《韶夏》與《咸池》，何徒取異乎鄭衛！於時綿駒結舌而喪精，王豹杜口而失色。虞公輟聲而止歌，寧子檢手而嘆息，鍾期棄琴而改聽，孔父忘味而不食。百獸率舞而抃足，鳳凰來儀而拊翼。乃知長嘯之奇妙，蓋亦音聲之至極。（成公綏《嘯賦》，《全晉文》卷五十九）

讀卿歌賦序詠，音聲皆有清味，然以「嘯」為彷彿有限，不足以致幽旨，將未至耶？夫契神之音，既不俟多贍而通其致，苟一音足以

究清和之極，阮公之言，不動蘇門之聽，而微嘯一鼓，玄默為之解顏，若人之興逸響，惟深也哉！（桓玄《與袁宜都書論嘯》，《全晉文》卷一百十九）

……自頃家競新哇，人尚謠俗，務在噍危，不顧律紀，流宕無涯，未知所極，排斥典正，崇長煩淫。士有等差，無故不可以去禮；樂有攸序，長幼不可以共聞。故宣丑之制，日盛於廛裡，風味之韻，獨盡於衣冠。」（王僧虔《樂表》）

　　上引杜預《自述》所謂「滋味典籍」，當然包括儒家經典在內；此前，漢代闕名《議郎元賓碑》云：「有聰明睿哲之才，博五經之滋味」（《全後漢文》卷九十九）；後來，劉勰認為儒家的五經有「滋味」「遺味」，可見此論並不始於劉勰。只是「宗經」是《文心雕龍》的基本思想原則，這就使劉勰所運用的「滋味」「遺味」的概念，具有特別的審美內涵。又，上引所用「忘味」一詞的兩則材料，都是用的孔子聞《韶》樂而三月不知肉味的典故。特別值得注意的是，卞蘭認為曹丕的詩文賦頌，令人「聽之忘味，奉讀無倦」，就是認為這些作品的辭藻、音韻和思致都很美，故借用孔子聞《韶》而「忘味」之典故，來加以品評。卞蘭乃魏武宣後之從子，至魏明帝時嘗侍從切諫，卒年不詳。卞蘭的《贊述太子賦並上賦表》也可以視為六朝時期最早以「味」來論詩文賦頌的文章，早於嵇康的《聲無哀樂論》、夏侯湛《張平子碑》和陸機《文賦》等。其《贊述太子賦並上賦表》中還有對曹丕創作的評論：「著典憲（引者按：即指《典論》）之高論，作敘歡之麗詩，越文章之常檢，揚不學之妙辭。」至於成公綏的《嘯賦》，是一篇非常著名的賦作，其中表明了他的崇尚自然的音樂觀念，並也用「忘味」之典故，來讚美「嘯音」之美。桓玄是桓溫之子，也是著名的談玄名士，

其《與袁宜都書論嘯》一文，認為袁氏的「歌賦序詠，音聲皆有清味」，這裡的「清味」也可以説已是一個「准美學概念」。上面所引王僧虔《樂表》一段，乃痛感晉宋時代雅樂衰微，新哇淫俗之音日盛的情形，「風味之韻」，就是指雅樂而言的。又如：

> 痛謝鯤未絕於口，世將復至於此。並盛年雋才，不遂其志，痛切
> 於心。廙（引者按：指王廙）明古多通，鯤遠有識致。其言雖未
> 足令人改聽，然味之不倦，近未易有也。坐相視盡，如何！（晉明帝
> 司馬紹《與溫嶠書》，《全晉文》卷九）

> 云再拜：兄前表甚有深情遠旨，可耽味高文也。（陸雲《與兄平原
> 書》，《全晉文》卷一百二）

> 古書者雖多，未必盡美。要當以為學者之山淵，使屬筆者得採伐
> 漁獵其中。然而譬如……云夢之澤、孟諸之藪，魚肉之雖饒，而未可
> 謂之煎熬之盛膳、渝狄之嘉味也。今詩與古詩，俱有義理，而盈於差
> 美。（葛洪《抱朴子》外篇〈鈞世〉）

> 五味舛而並甘，眾色乖而皆麗。近人之情，愛同憎異，貴乎合
> 己，賤於殊途。夫文之體，尤難詳賞。茍以入耳為佳，適心為快，鮮
> 知忘味之《九成》，《雅》《頌》之風流也。所謂考鹽梅之鹹酸，不知大
> 羹之不致。文貴豐贍，何必稱善如一口乎？（葛洪《抱朴子》外篇〈辭
> 義〉）

> 當其衝豫自得，信有味焉，而未易言也。退而尋之：夫崖谷之
> 間，會物無主，應不以情而開興，引入致深若此。豈不以虛明朗其
> 照，閒邃篤其情耶？並三復斯談，猶昧然未盡。俄而太陽告夕，所存
> 已往。乃悟幽人之玄覽，達恆物之大情；其為神趣，豈山水而已哉！
> （廬山諸道人《游石門詩並序》，逯欽立輯校《先秦漢魏晉南北朝‧晉

詩卷二十》）

　　竊惟續事以眾色成文，蜜蜂以兼采為味，故能使絢素有章，甘逾本質。臣實頑乏，顧慚二物。雖自馨屬，分絕藻續，既謝淮南食時之敏，又微狂簡斐然之作。（裴松之《上三國志注表》，《全宋文》卷十七）

　　既造《後漢》，轉得統緒，詳觀古今箸（著）述及評論，殆少可意者，班氏最有高名，既任情無例，不可甲乙辨。後《贊》於理近無所得，唯志可推耳。博贍可不及之，整理未必愧也。吾雜傳論，皆有精意深旨，既有裁味，故約其詞句。至於《循吏》以下，及《六夷》諸序論，筆勢縱放，實天下之奇作。其中合者，往往不減《過秦》篇。（范曄《獄中與諸甥姪書》，《全宋文》卷十五）

　　……故人有情，信如來告，企詠之結，實成飢渴，山澗幽阻，音塵闊絕，忽見諸贊，嘆慰良多，可謂俗外之詠，尋覽三復，味玩增懷，輒奉和如別。雖辭不足觀，然意寄盡此。（謝靈運《答范光祿書》，《全宋文》卷三十二）

　　以上八則材料，前五則是晉代的，後三則是劉宋時期的，多是用「味」來比喻「言談」或者文章、詩歌的「言辭」之美的。晉明帝說王廙、謝鯤善於言談，令人「味之不倦」，就是說其言談有「味」。陸雲《與兄平原書》三十五首，其中有三十二首都是與其兄陸機討論史書、詩文特別是賦的寫作問題的。這裡所引一則，說陸機的「前表甚有深情遠旨，可耽味高文也」，也是說陸機的文章有「味」的意思。葛洪（又作葛弘）主張「文貴豐贍」的文采美，反對「貴古賤今」，這種思想是具有進步意義的，也是與六朝普遍崇尚「詩賦欲麗」的觀點是一

致的。葛洪雖然沒有直接説「文」如何有「味」，「詩」如何有「味」，
但也是明確用「味」來比喻「詩」和「文」的不同美感的。

裴松之《上三國志注表》，用「蜜蜂以兼采為味」，比喻文章的語
言當「以眾色成文」，即是説文章要具有文采之美，謙稱自己的《三國
志注》的歷史文章的語言比較質樸。前文曾論及范曄《獄中與諸甥侄
書》一文中的有關重要文論觀點，也可以把這些觀點與他提出的「裁
味」這一術語結合起來分析。范曄所謂「裁味」的含義，就是説他自
己所作的《後漢書》中的「雜傳論」，在內容上能夠具有「精意深旨」，
在語言上較為簡潔凝練，所謂「約其詞句」。《後漢書》中的「雜傳論」
確實寫得非常好，蕭統還選入《文選》之中。而謝靈運《答范光祿
書》，也是用「尋覽三復，味玩增懷」，來説明範光祿所作的「諸贊」
之文，寫得很好、有「味」，其所説的「味玩」有「審美鑑賞」的意思。

另外，廬山諸道人《游石門詩並序》這篇「序文」，很少為人所論
及，其實這是一篇非常優美的描寫自然山水的駢文，也有很明顯「玄
言」傾向，類似於孫綽的《游天台山賦》。東晉司馬德宗隆安四年
（400）仲春，廬山釋法師和他的徒弟們游廬山之石門（障山）後，撰
寫了這篇《游石門詩序》和《游石門詩》。其所謂「當其衝豫自得，信
有味焉」，這個「味」乃是其觀照自然山水後一種「玄覽」的情懷、通
達物情的「神趣」（其中明確表現了對佛理的體悟）。就玄覽自然而暢
「神趣」的意義上講，《游石門詩並序》中的「信有味焉」之「味」，與
宗炳《畫山水序》中的「澄懷味道」之「味」的精神是一致的。這也
令人想起陶淵明的《飲酒詩二十首》之十五：「故人賞我趣，挈壺相與
至。班荊坐松下，數斟已復醉。父老雜亂言，觴酌失行次。不覺知有
我，安知物為貴。悠悠迷所留，酒中有深味（或作固多味）。」（逯欽
立輯校《先秦漢魏晉南北朝·晉詩卷十七》）所謂「酒中有深味」的「深

味」，已經不僅是「酒味」，而是其更著名的《飲酒詩二十首》之六所
說的「此還有真意，欲辯已忘言」的「真意」，也就是從飲酒中體會到
一種拔俗的傾心於「自然」的精神境界。優美作品、著名作家筆下所
陳述的這種「味」的語詞，對「味」形成為美學範疇的作用當是很大
的。又如：

> 敬覽《夷夏》之論，辯榷一源，詳據二典，清辭斐暐，宮商有體，
> 玄致矗矗其可味乎？」（謝鎮之《與顧歡書折夷夏論》，《全宋文》卷五
> 十六）
> 省啟，覽所上菩提樹頌，捃采致佳，辭味清淨……（梁武帝蕭衍
> 《答菩提樹頌手敕》，《全梁文》卷五）

以上兩則材料，所評述的文章（並不是文學作品）之內容，都與
道教或佛教有一定關係，但其評論並不是談宗教問題，而是從文章寫
作的角度予以品評，認為文章的言辭、音韻有「味」。上引各條中的
「味」的語詞及相關含「味」字的詞組，雖與文藝批評具有一定關係，
但意義較為明白淺顯。通過上述的分析和論述，可以說明，在六朝的
文藝理論批評的論著中，「味」被用作美學範疇來品評文藝作品，是有
歷史的原因的，也是毫不奇怪的。

**二、作為美學範疇的「味」與六朝「藝味」說的幾種主要觀點
（《文心雕龍》《詩品》除外）**

下面要重點討論的是嵇康以及阮籍論音樂的「自然和味」論、夏
侯湛的「賦味」論、陸機論「文章」（主要指詩賦頌讚等文學作品）的
「遺味」說及顏之推的「詩味」論。

1.阮籍〈樂論〉與嵇康《聲無哀樂論》中的「樂味」論

從《禮記》〈樂記〉的「遺音遺味」說，到阮籍（210-263）〈樂論〉、嵇康（224-263）《聲無哀樂論》所崇尚的「自然和味」說，可以說已經基本確立了我國古代音樂的審美理想和美感原則。就純粹的音樂藝術而言，後代音樂理論批評家對「樂味」問題，沒有提出多少新鮮的觀點，這或者可以看作是音樂與其他藝術門類的藝術理論批評上的一個重要的不同特點。當然，在後代特別是宋元、明清時代，詞和曲的音樂理論批評非常豐富，但畢竟都是跟詞、曲的文學創作和演唱結合在一起的。

阮籍的〈樂論〉、嵇康的《聲無哀樂論》，都受到玄學自然本體論思想的深刻影響，是兩篇思想內容深刻、理論邏輯較為嚴密的音樂專論，將嵇康《聲無哀樂論》《琴賦》與阮籍的〈樂論〉相比，阮籍論樂的旨尚與嵇康並不完全相同[17]，阮籍〈樂論〉說：

> 夫樂者，天地之體，萬物之性也。合其體，得其性，則和；離其體，失其性，則乖。昔者聖人之作樂也。將以順天地之體，成萬物之性也。……乾坤易簡，故雅樂不煩；道德平淡，故五聲無味。不煩則陰陽自通，無味則百物自樂。日遷善成化而不自知，風俗移易而同於是樂，此自然之道，樂之所始也。
>
> ……故孔子在齊聞韶，三月不知肉味，言至樂使人無慾，心平氣定，不以肉為滋味也。以此觀之，知聖人之樂和而已矣。……夫雅樂周通，則萬物和；質靜，則聽不淫；易簡，則節制全神；靜重，則服人心。此先王造樂之意也。自後衰末之為樂也，其物不真，其器不固，其制不信，取於近物，同於人間，各求其好，恣意所存，閭裡之

---

17 嵇康《聲無哀樂論》《琴賦》與阮籍的〈樂論〉三文，引據文化部藝術研究院音樂所編《中國古代樂論選輯》，人民音樂出版社1981年版。

聲競高，永巷之音爭先。童兒相聚，以詠富貴；芻牧負載，以歌賤
貧。君臣之職未廢，而一人懷萬心也。

在第一章中曾經說明，在〈樂記〉的編撰者看來，「聲」「音」
「樂」是三個不同的概念，只有「德音」才是「樂」；其特殊的意義在
於說明：美妙動聽的「音樂」還不是「樂」，真正「樂」必須能夠具有
教化「人倫」的作用。阮籍的〈樂論〉，稱名為「樂」，其概念的使用
是非常準確的，其〈樂論〉仍然是重視「德音」、崇尚所謂「雅樂」的
「中和之德」，認為「鄭衛之風好淫」，反映了「其俗輕蕩」的特點，是
所謂「桑間、濮上之曲」；又認為雅樂具有「周通」「質靜」「易簡」「靜
重」的特徵，實際上就是繼承儒家的「以道制欲」的觀點。另外，阮
籍還表現對「俗樂」（民間音樂）的排斥態度，這是其思想上的侷限性。

而嵇康的《聲無哀樂論》的稱名也是非常準確的，他說的是「聲
音」無「哀樂」，這正抓住了《禮記》〈樂記〉立論上的邏輯矛盾，「鄭
衛之音」既然美妙動聽，為什麼不是「樂」呢？因為所謂「德音」論，
討論的並不是「音樂」的本質問題，而是音樂的功能問題，所以嵇康
《聲無哀樂論》的最後一句話特別強調：「雅、鄭之體，亦足以觀矣。」
阮籍和嵇康對「鄭衛之音」一批評一讚美，正反映了二人音樂觀的差
別。

同時，也必須認識到，阮籍的〈樂論〉與嵇康的《聲無哀樂論》
所尊儒術」的局面被打破而玄學思潮興起後的思想文化背景，雖然阮
籍主要表現的音樂觀雖然並不相同，但他們的音樂觀念，共同反映了
漢代「獨受到《禮記》〈樂記〉的影響，思想較為保守一些，但也和嵇
康一樣，都是從玄學自然本體論出發的，並接受了《莊子》的「至樂」
論的思想。《莊子》〈天運〉論「至樂」曰：

（黃帝曰）夫至樂者，先應之以人事，順之以天理，行之以五德，應之以自然，然後調理四時，太和萬物。四時迭起，萬物循生；一盛一衰，文武倫經；一清一濁，陰陽調和；流光其聲，蟄蟲始作，吾驚之以雷霆。其卒無尾，其始無首；一死一生，一僨一起；所常無窮，而一不可待。汝故懼也。吾又奏之以陰陽之和，燭之以日月之明；其聲能短能長，能柔能剛；變化齊一，不主故常；在谷滿谷，在坑滿坑；涂卻守神，以物為量。其聲揮綽，其名高明。

　　只要把阮籍的〈樂論〉和嵇康的《聲無哀樂論》與上引《莊子》之文對讀，就會明顯看到二人都在一定程度上接受了這種「至樂」的觀念，從而對《禮記》〈樂記〉等儒家音樂思想進行了修正，崇尚音樂的「自然」之「和」，以「無味」「平淡」為音樂美的最高境界，這就是阮籍和嵇康的「樂味」論的主要內容，這是就本體角度而言的。

　　在「名教」（即儒家的禮教）和「自然」的關係上，阮籍主張「名教」即「自然」，而嵇康主張「越名教而任自然」。嵇康要極力說明音聲是以「自然之和」為體的，本來與「哀樂」之情無關，「審音知政」的傳統理論根據，是認為聲音本身就有哀樂，嵇康認為這是一種錯誤的理解，從這種錯誤的理解出發，就永難把握聲音的「自然之和」。故他慨嘆道：「斯義久滯，莫肯拯救。」他深入地解剖了為什麼一般人會視音聲有哀樂的問題，反覆說明：「音聲有自然之和，而無繫於人情。克諧之音，成於金石；至和之聲，得於管弦也。」這就是說，音樂「其體自若」的本體既為「自然之和」，「成於金石」而「得於管弦」，所以音樂也就「無繫於人情」。嵇康用「味」「滋味」「勺（芍）藥之味」等，來比喻這種音樂的「自然之和」本質特性和美感特徵：

夫曲用每殊，而情之處變，猶滋味異美，而口輒識之也。五味萬殊，而大同於美；曲變雖眾，亦大同於和。美有甘，和有樂。然隨曲之情，盡乎和域；應美之口，絕於甘境，安得哀樂於其間哉？然人情不自同，各師所解。則發其所懷；若言平和，哀樂正等，則無所先發，故終得躁靜。若有所發，則是有主於內，不為平和也。以此言之，躁靜者，聲之功也；哀樂者，情之主也。不可見聲有躁靜之應，因謂哀樂者皆由聲音也。

……若夫鄭聲，是音聲之至妙。妙音感人，猶美色惑志。耽槃荒酒，易以喪業，自非至人，孰能御之？先王恐天下流而不反，故具其八音，不瀆其聲；絕其大和，不窮其變；捐窈窕之聲，使樂而不淫。猶大羹不和，不極勻藥之味也。若流俗淺近，則聲不足悅，又非所歡也。若上失其道，國喪其紀，男女奔隨，淫荒無度，則風以此變，俗以好成。尚其所至，則群能肆之；樂其所習，則何以誅之？托於和聲，配而長之，誠動於言，心感於和，風俗一成，因而名之。然所名之聲，無中於淫邪也。淫之與正同乎心，雅鄭之體，亦足以觀矣。

上面所引這兩段論述，可謂是《聲無哀樂論》一文的思想精髓。第一，嵇康明確說明以「自然之和」為體的音樂，能夠引起人主觀上「動靜」的反映，由「動靜」的反映進一步就會產生情感上「哀樂」的變化。這一論述無疑具有科學的價值，因為音聲本聲是「物理性質」的，所以並沒有主觀的哀樂情感。第二，以「滋味異美」比喻音樂欣賞主體的個性差異，又說「五味萬殊，而大同於美；曲變雖眾，亦大同於和。美有甘，和有樂」，就是認為音樂的美感「滋味」，本身具有「和」的特點。第三，從上面兩點出發，自然會得出這樣的結論：即無論是「雅樂」還是「鄭聲」，是否與國家的治亂有關，全看音樂欣賞主

體自己的「修養」，因為「躁靜者，聲之功也；哀樂者，情之主也」，動靜、哀樂的反映，都不是音樂的本質，而是音樂的功能、效果而已。所以鄭聲跟雅樂一樣，值得人們去欣賞，而不必錯誤地從政治的、倫理的角度去「誅之」。第四，嵇康鮮明地表示：鄭聲是美妙動聽的音樂，比雅樂有「味」，所謂「猶大羹不和，不極勺藥之味也」。這就是說：如「大羹不和」之滋味不如「勺藥之味」[18]（即五味調和之味）一樣，雅樂也不如鄭聲那樣「妙音感人」。這一觀點具有大膽的反抗精神！對一般人特別是那些歷史上的荒淫無道之君而言，他們「惑志」美色、「耽槃荒酒」，即使不去聽「鄭聲」，同樣會亡身亡國，把亡身亡國的罪過加到「鄭聲」的身上，是沒有道理的。

嵇康在《答向子期難養生論》説：「以大和為至樂，則榮華不足顧也；以恬淡為至味，則酒色不足欽也。苟得意有地，俗之所樂，皆糞土耳，何足戀哉？」這裡崇尚「恬淡」之味，與其認為「大羹不和」不如「勺藥之味」的觀點，並不矛盾，因為一是從本體角度講的（在這一點上，阮籍也有同樣的觀點），一是從美感角度講的。

總之，在嵇康看來，音樂以「自然之和」為本體，「至味」「至樂」都以平淡自然為宗，而音樂的美感猶如五味調和的滋味，甚至超過美味，能給人以強烈的無窮的美感享受。鄭聲「是音聲之至妙」，而「妙

18　「勺（芍）藥」：五味調料的總稱。《史記》卷一一七《司馬相如傳》〈子虛賦〉：「勺藥之和具，而後御之。」《集解》引郭璞：「勺藥，五味也。」《漢書》顏師古註：「勺藥，藥草名。其根主和五藏，又辟毒氣，故合之於蘭桂以助諸食，因呼五味之和為勺藥耳。」按：嵇康這裡明確否認了傳統以來對「大羹之味」的崇尚，這與其以平淡之「至味」喻音樂本體的「自然之和」並無牴牾，因為這裡實質上是對雅樂之禮教價值功能論的一種批評。其後陸機《文賦》也是從這個角度出發立論的，明確表示對文采的重視，下文將論述之。而劉勰《文心雕龍》所用的「遺味」概念，雖然出典與嵇康和陸機相同，但卻是從正面意義立論的，其「遺味」與「餘味」的意義相同，後人多沿襲之。論者時有對陸機「遺味」説做模糊不清的解釋，故於此特加注説明之。

音感人，猶美色惑志」，並非「鄭聲」本身之過，真正的「至人」才能真正領會鄭聲的「美妙」，品嚐其「滋味」。在此，嵇康無疑是用「味」來表示「妙音感人」的美感。嵇康用「滋味」來比喻音樂的美感，亦見於其《琴賦》，如其開端即曰：「余少好音聲，長而玩之。以為物有盛衰，而此無變；滋味有厭，而此不倦。」結尾又曰：美妙的琴聲，乃「總中和以統物，咸日用而不失。其感人動物，蓋亦弘矣。於時也，金石寢聲，匏竹屏氣。王豹輟謳，狄牙喪味（引者按：即『忘味』之意）」。音樂的美感，超過食物的美妙滋味，猶如孔子聽《韶》樂而三月不知肉味。

2. 夏侯湛（243-291）的「賦味」論

僅就六朝時期而言，如果說在漢魏之際，卞蘭《贊述太子賦並上賦表》開始了以「味」論「藝」的濫觴，而到嵇康的《聲無哀樂論》，就已經明確用「味」來比喻音樂的美感，可以視為六朝「藝味」說的真正開端。晉代明確用「味」來論述文學作品的代表人物就是夏侯湛和陸機。夏侯湛的《張平子碑》是一篇著名的文章，明確用「味」來論述張衡之賦作的美感，以前不大為研究者所注意。冷衛國先生近年發表《夏侯湛以「味」論賦》一文[19]，對這一問題作了專門論述，這是一篇有價值的學術論文。該文指出，范曄《後漢書》〈張衡傳〉乃是《張平子碑》的翻版，立論是堅實的。但其認為夏侯湛以「味」論賦對陸機產生了影響，又認為：「以『味』論賦早於以『味』論詩這一事實說明，夏侯湛的賦論對於『味』這一概念介入文學批評、對於『味』這一概念上升為中國古典美學的重要範疇，起到積極的推動作用，它從理論上開啟了中國文學批評自齊梁以後廣泛地以『味』談文藝的先

---

19 載《文學遺產》2001年第1期。

聲。」這些論述並不完全符合「藝味」説產生與發展的史實。理由如
下：第一，且不説以「味」論「藝」始諸音樂，僅就六朝的文學批評
來説，卞蘭《贊述太子賦並上賦表》就早於夏侯湛，從其賦文中「作
敍歡之麗詩」來看，卞蘭説曹丕作品令人「聽之忘味，奉讀無倦」，不
僅指其「諸賦頌」，也包括其詩作的。第二，據陸侃如先生《中古文學
系年》所考[20]，夏侯湛《張平子碑》作於太康八年其出補南陽相之時；
而陸機《文賦》作於太康十年陸機、陸雲入洛之年（此説乃據《文選》
卷十七《文賦》李善注引臧榮緒《晉書》所載而加以校正），那麼《張
平子碑》早於《文賦》兩年。但陸機《文賦》中的「遺味」説，實是
用的〈樂記〉等著中的「遺音遺味」的典故，亦如嵇康《聲無哀樂論》
及卞蘭《贊述太子賦並上賦表》用孔子「忘味」的典故一樣，這在六
朝人的詩文中是較為常見的。「遺音遺味」説涉及對「雅頌」之樂和詩
的評論，故由此可以推知夏侯湛《張平子碑》品評張衡之賦「與雅頌
爭流，英英乎其有味歟」，當也是受到這些典故的影響，故很難確證陸
機是受到夏侯湛的影響。第三，如前所説，〈樂記〉中的「遺音遺味」
説，本身應該包括對「詩」（《詩經》）的品論，《周禮》〈大師〉（《周
禮註疏》）論「大祭祀」一段下，賈公彥疏明確説：「大師帥瞽人登
堂，……而歌者與瑟以歌詩也。」故很難説以「味」論「賦」，就一定
早於論「詩」。

　　不過，雖説視《張平子碑》為「從理論上開啟了中國文學批評自
齊梁以後廣泛地以『味』談文藝的先聲」這種論述不夠恰當，但説「夏
侯湛的賦論對於『味』這一概念介入文學批評、對於『味』這一概念
上升為中國古典美學的重要範疇，起到積極的推動作用」，這是正確的

20　陸侃如：《中古文學系年》，人民文學出版社1985年版。

觀點。夏侯湛明確以「味」論賦，對其後的有關「藝味」觀點（如劉
勰、鍾嶸等所論）具有重要影響，這是可以肯定的，因而它對六朝「藝
味」說的形成來講，其意義是十分重要的。《張平子碑》曰：

　　若夫好學博古，貫綜謨籍：《墳典》《丘索》之流，經禮訓詁之載，
百家九流之辯，詩賦雅頌之辭，金匱玉板之奧，讖契圖緯之文，音樂
書畫之藝，方技博弈之巧，自《洪範》《彝倫》，以逮於若鄒子之所習，
介盧之所識者，網不該羅其情，原始要終。故能學為人英，文為辭
宗，紹羲和之顯跡，系相如之遐風。向若生於春秋之間，游乎闕裡之
堂，將同貫宰、貢，齊衡游、夏，豈值取足於身中、垂名於一塗哉！
是以先生恆屈於不知己，仕居下位，再為史官，而發《應間》之論；
時不容道，遂興《思玄》之賦。爰登侍中，則讜言允諧，出相河間，
則黎民時雍，庸渠限其所至哉！若夫巡狩誥頌，所以敷陳主德，《二京》
《南都》，所以讚美畿輦者，與雅頌爭流，英英乎其有味歟！若又造事
屬辭，因物興□[21]，下筆流藻，潛思發義，文無擇辭，言必華麗，自屬
文之士，未有如先生之善選言者也。（《全晉文》卷六十九）

　　夏侯湛對張衡道德學問和他的「詩賦雅頌之辭」的創作評價很高，
所謂「學為人英，文為辭宗，紹羲和之顯跡，系相如之遐風」，這也符
合文學的史實。又指出其大賦《二京》《南都》等作，能夠與《雅》
《頌》爭流，是有「味」的，也就是說是很美的。這裡所說的「味」的
具體美學內涵既是指其作品的思想內容「讚美畿輦」「潛思發義」的方

21　按：據文句之意，所缺一字或當為「情」字。劉勰《文心雕龍》〈詮賦〉：「睹物興
　　情。」又，下文「先生」原誤作「先王」。

面，又著重論述的是其「華麗」的辭藻乃至流靡的音韻，賦尤其是大賦特別講究辭藻的鋪陳；而且還從創作角度作了分析，所謂「造事屬辭，因物興□（情？）」，就是説張衡作賦，能夠緣物而發，做到事辭相稱的意思。前文説：「是以先生恆屈於不知己，仕居下位，再為史官，而發《應間》之論；時不容道，遂興《思玄》之賦。」正是説張衡的《應間賦》《思玄賦》，寄託了其「時不容道」的鬱怨情懷。可見「情」的真實抒發和「辭」的鋪陳藻飾，是夏侯湛説張衡之賦有「味」的兩個主要方面的內容。沈約《宋書》〈謝靈運傳論〉云：「若夫平子豔發，文以情變，絕唱高蹤，久無嗣響。」劉勰説張衡的《怨詩》「清典有味」（《文心雕龍》〈明詩〉），這些評論都和夏侯湛的論述有一致之處。

3. 陸機《文賦》中的「遺味」説

要瞭解陸機（261-303）《文賦》中使用「遺味」概念所包含的理論含義，先須瞭解一下《文賦》的篇章結構和主要內容。除開《文賦》前的小序及《文賦》第一小段（從開頭至「慨投篇而援筆，聊宣之乎斯文」）的引論外，《文賦》討論「文章」創作的主體內容，可分為三大部分，其中論述的轉換和結構是十分明晰的。

陸機在《文賦》前的小序中，就明確説要討論的中心問題，就是為文之「用心」（「文」的創作過程）的問題。主體內容的第一部分先從虛靜以構思、展開藝術想像等方面，論述藝術構思問題；接著討論「表現」之時的「用心」問題，這就是「然後選義按部，考辭就班」之所論的一段；最後，從「伊茲事之可樂」至「郁云起乎翰林」一段，是第一部分的自然收束，論述了作品最終得以吐發於胸臆的快感。

《文賦》主體內容的第二部分，從「體有萬殊，物無一量」開始，至「是蓋輪扁所不得言，故亦非華説之所能精」作自然的收束。這一部分是從討論主要文體的類別、寫作要求和審美特徵開始的，提出「詩

緣情而綺靡，賦體物而瀏亮」的著名觀點；接著由此討論了「其為物
也多姿，其為體也屢遷，其會意也尚巧，其遣言也貴妍」四個方面的
問題，運用「頂針」的修辭手法，故承「其遣言也貴妍」而首論言辭
的音韻問題，接著聯繫「為物」「為體」「會意」問題，論述「或仰逼
於先條，或俯侵於後章」的結構問題；「或文繁理富，而意不指適」的
言意問題；「或藻思綺合，清麗芊眠」的言辭創新問題；「或苕發穎豎，
離眾絕致」的立意好而言辭佳的表現與一般的平實鋪敘之間的關係問
題，所謂「綴《下里》於《白雪》」云云。再接著，陸機從作品的整體
創作和表現角度，論述「靡應」「不和」「不悲」「不雅」和「不豔」
這五種常見的弊端或者說不足，從正面角度說，就是要求作品能夠具
有「應」「和」「悲」「雅」「豔」這五者有機統一的審美特徵，這也
可以說是陸機關於藝術作品的一種審美理想，正是在其表達這一審美
理想中，提出了「遺味」說。最後，總論「豐約之裁，俯仰之形，因
宜適變，曲有微情」，作自然收束。

　　《文賦》主體內容第三部分即最後一部分，從「普辭條與文律，良
余膺之所服」開始表達了自己對文學創作「用心」中的一些問題還不
能完全理解，其中有陸機的自謙之辭，也有實際的情況，如他著重論
述「應感」問題等，接著以論述「文章」重大功用作自然收束，認為
文章能「濟文武於將墜，宣風聲於不泯」。

　　必須聯繫《文賦》的整體內容來分析其「遺味」說，才能弄清其
原意，不至於作或過高或過低的評價。《文賦》關於「應」「和」「悲」
「雅」「豔」的論述如下：

　　或託言於短韻，對窮跡而孤興。俯寂寞而無友，仰寥廓而莫承。
譬偏弦之獨張，含清唱而靡應。

　　或寄辭於瘁音，徒靡言而弗華。混妍蚩而成體，累良質而為瑕。象下管之偏疾，故雖應而不和。

　　或遺理以存異，徒尋虛以逐微。言寡情而鮮愛，辭浮漂而不歸。猶弦幺而徽急，故雖和而不悲。

　　或奔放以諧合，務嘈囋而妖冶。徒悅目而偶俗，固聲高而曲下。寤《防露》與《桑間》，又雖悲而不雅。

　　或清虛以婉約，每除煩而去濫，闕大羹之遺味，同朱弦之清泛，雖一唱而三歎，固既雅而不豔。

　　上引這五段是一個整體性的論述，不能加以割裂。陸機關於藝術作品「應」「和」「悲」「雅」「豔」的論述，是用音樂來作比喻的。其所謂「靡應」，主要是指作品整體上缺乏勻稱之美，這可以表現在立意、言辭、結構等方面，而主要是側重藝術的體制結構而言的，用音樂來比喻，就是所謂「譬偏弦之獨張，含清唱而靡應」；所謂「應而不和」，主要就是指作品整體上的藝術語言和音韻缺乏渾成之美，「言辭」有「瘁音」，以致於傷害作品整體的藝術效果，用音樂來比喻，就是「象下管之偏疾，故雖應而不和」；所謂「和而不悲」，主要就是指作品整體上缺乏動情之美，沒有真實情感灌注在作品之中，必會言辭散漫，說理玄虛，這是側重從思想內容而言的，用音樂來比喻，就是「猶弦幺而徽急，故雖和而不悲」；所謂「悲而不雅」，主要就是指作品整體上缺乏高雅之美，思想低下，情感庸俗，言辭、音韻也過於媚俗，用音樂來比喻就是「寤《防露》與《桑間》，又雖悲而不雅」，這在一定程度上反映了陸機對儒家思想和審美理想的繼承，這與他在前文論作品文體和體制要求，既主張「詩緣情而綺靡」，又主張要「禁邪而制放」的文學思想是一致的，也是與他的「濟文武於將墜，宣風聲於不

泯」的文章功用論相統一的；所謂「雅而不豔」，主要就是指作品整體風格上缺乏綺麗之美，情感淡薄，語言雖雅正但未能藻飾華美，所以不能豔麗以動人，這是側重從藝術語言和整體風格而言的，用音樂來比喻，就是「雖一唱而三歎，固既雅而不豔」。

陸機的「遺味」說，既為引用「遺音遺味」說的典故，為何要稱它為陸機的一「說」呢？其所包含什麼樣的重要美學內涵呢？這就是在此要論述的主要問題。回答這一問題，可作如下幾點分析：

第一，陸機使用「遺味」的典故，其本意是什麼？「闕大羹之遺味，同朱弦之清泛」這句話，有些令人費解，故時見有脫離原意的解說。所謂「闕」，同「缺」，乃通假字，據孔穎達《禮記》〈樂記〉所疏「清廟之瑟」和「大羹不和」二句，「遺音」就是指「質素之聲，非要妙之響。以其質素，初發首一倡（唱）之時，而唯有三人嘆之，是人不愛樂。雖然，有遺餘之音，言以其貴在於德，所以有遺餘之音，念之不忘也。」所謂「遺味」就是指「大羹不和」，乃「質素之食」，而「有遺餘之味矣，以其有德質素，其味可重，人愛之不忘」。也就是說「遺味」就是「餘味」的意思。可是，從〈樂記〉這段論述的字面意義而言，「大羹之遺味」與「朱弦之清泛」（即「遺音」）本是統一的，而陸機一說「缺」而一說「同」，似乎矛盾。其實，陸機用的是「反對」而不是「正對」，同時運用了互文見義的修辭方法（表達了兩層含義），這是駢體賦中（對偶句）最常見的語言表達方式，補足其表述，應為「闕大羹之遺味、朱弦之清泛；同大羹之遺味、朱弦之清泛」的意思，就是說：有的作品過於淡薄「清虛」，就連「大羹」的「遺味」，「清廟」的「遺音」也沒有做到（所謂「闕」）；有的作品可以說是猶如「大羹」的「遺味」，「清廟」的遺音一樣（所謂「同」），但這兩種情況的作品，都是沒有綺麗之美的，不能算是理想的作品。這就是從其字面意義能

夠得出的正確的符合其本意的理解。不少論者論述時略引「同朱弦之
清泛」一句，而解釋説：「他（陸機）批評那些清虛平淡而又缺乏文采
的作品『闕大羹之遺味』。」這種解釋是以為陸機還是認為：像「大羹
之遺味」那樣的「質素」平淡的作品是有「味」的——這就不符合陸
機的觀點了，是不正確的，這是由於沒有把「闕（缺）」和「同」聯繫
起來進行思考，沒有仔細推敲陸機的本意。下面兩點是從引申性角度
所作的闡釋，是否合乎《文賦》的內在邏輯，尚還可以討論。

　　第二，陸機《文賦》認為「闕（缺）大羹之遺味」（比「大羹遺味」
還要清虛淡薄）的作品和猶如「大羹之遺味」一樣的作品，都是「雅
而不豔」的，都是很少受人賞愛的作品，所謂「一倡（唱）而三歎」，
意即很少有人嘆愛，這與後代（乃至今天）的「一唱三歎」這個詞語
表現令人嘆愛不止的意思正好相反，因而也造成不少論者對陸機原意
的誤解。陸機實質上是繼嵇康之後而對大羹「遺味」之美的一種否定，
一種「批判改造」。如前所論，曹丕的「詩賦欲麗」的觀點，表現了對
文采美、形式美的自覺追求，而陸機、鍾嶸、劉勰等都強調詩賦等作
品的文采藻飾之美，並由曹丕強調「麗」美，發展為強調「豔」美。
如鍾嶸《詩品》稱頌其列為上品詩人曹植的詩作「詞采華茂」，劉勰《文
心雕龍》〈辨騷〉稱讚屈原作品有「驚采絕豔」之美等。嵇康《聲無哀
樂論》和陸機《文賦》對「大羹不和」的「遺味」説進行「批判改造」，
説明了六朝對「文采」之美的崇尚。大羹「遺味」所反映的樂與詩的
美，剔開其倫理的意義，就是一種「雅淡之美」。對於「雅正」，六朝
藝術家是認可的，而對於缺乏「文采節奏」的「平淡」「淡薄」，是六
朝藝術家並不讚賞的。如果説漢代的《淮南子》的編撰者及揚雄、王
充等人，是從道家自然「淡泊」的角度，改造和演化了大羹「遺味」
的「淡薄」美內涵，那麼嵇康和陸機等人，就是從「文采節奏」之美

的要求角度，在一定程度上否定了大羹的「遺味」說。

第三，據上分析，從正面講，陸機所崇尚的作品的美「味」，就是既要「應」「和」「悲」「雅」，還要綺「豔」而華飾。「豔」的美感要求，是在「應」「和」「悲」「雅」這四個要求已經具備的前提下提出的。這其中有對儒家審美理想的繼承（如重「雅」），但主要還是發展，就「應」「和」「悲」「雅」「豔」的統一性講，陸機所說的「雅」，已與儒家的傳統不同，反映的是六朝「藝術精神」自覺時的審美觀念。就其具體內容和論述方法看，從「靡應」到「應而不和」「和而不悲」「悲而不雅」「雅而不豔」，是一種層層遞進的邏輯關係，說明這五個方面是陸機從藝術作品的「文」「物」「意」的整體關係出發考慮問題的，也就是說：「應」「和」「悲」「雅」「豔」可以視為對一篇藝術作品的整體要求，儘管分別來看，有的作品有「靡應」之病（特別是短篇之制），有的作品有「應而不和」或「不悲」「不雅」「不豔」等缺憾。

總之，作品整體上要具有勻稱、渾成、動情、高雅、綺麗之美，就是陸機論藝術作品所謂「應」「和」「悲」「雅」「豔」的美感要求，也就是其通過批評「大羹之遺味」而要表達出的關於作品之「味」說的美學內涵。正是從上面這樣的分析出發，我們說，陸機《文賦》使用「遺味」的典故，遠遠踰越了一般用典的意義，成為一「說」——這完全可以視為陸機本人的一種「味」論，它和其後劉勰在「餘味」的正面意義上使用「遺味」之典故，也是不同的，但總體上講，劉勰也認為「文」（特別是文學作品）也要具有綺麗的文采美，等等。

4. 顏之推（531-約590後）的「詩味」論

在劉勰《文心雕龍》和鍾嶸《詩品》之後的六朝時期，顏之推《顏氏家訓》〈文章〉篇（《諸子集成》本）是把「味」作為美學範疇來使用的最有代表性的人物，這主要反映在他的《顏氏家訓》〈文章〉篇

中。顏之推所說的「味」「滋味」，本是既指詩又指「文章」等作品的「美感」的，但主要論述的是詩歌，可以說是繼鍾嶸之後，再次直接討論到「詩味」的問題。《顏氏家訓》〈文章〉篇曰：

> 夫文章者，原出《五經》：詔命策檄，生於《書》者也；序述論議，生於《易》者也；歌詠賦頌，生於《詩》者也；祭祀哀誄，生於《禮》者也；書奏箴銘，生於《春秋》者也。朝廷憲章，軍旅誓誥，敷顯仁義，發明功德，牧民建國，不可暫無。至於陶冶性靈，從容諷諫，入其滋味，亦樂事也。行有餘力，則可習之。

從他分析「文章」本原於《五經》（和劉勰《文心雕龍》等論述較為一致）及其「文章」功能來看，他的「文章」的概念，是包含得比較廣的，既有今天所說的文學作品也有非文學作品。但特別值得注意的是，他說「文章」還有「陶冶性靈，從容諷諫，入其滋味」而令人愉悅的功能，這主要是針對文學作品來說的。接著下文分析「自古文人，多陷輕薄」的原因曰：「每嘗思之，原其所積，文章之體，標舉興會，發引性靈，使人矜伐，故忽於持操，果於進取。」所謂「標舉興會，發引性靈」，也側重從文學創作而言的。由此，下文他還從「詩味」的角度，對一些優秀的詩歌作了較為具體的品評，而且注重從詩歌的「意境」角度進行賞析。列其論如下：

> 王籍《入若耶溪》詩云：「蟬噪林逾靜，鳥鳴山更幽。」江南以為文外斷絕，物無異議。簡文吟詠，不能忘之，孝元諷味，以為不可復得，至《懷舊志》載於《籍傳》。范陽盧詢祖，鄴下才俊，乃言：「此不成語，何事於能？」魏收亦然其論。《詩》云：「蕭蕭馬鳴，悠悠斾

旌。」毛《傳》曰：「言不喧嘩也。」吾每嘆此解有情致，籍詩生於此耳。

蘭陵蕭愨，梁室上黃侯之子，工於篇什。嘗有《秋詩》云：「芙蓉露下落，楊柳月中疏。」時人未之賞也。吾愛其蕭散，宛然在目。潁川荀仲舉、琅邪諸葛漢，亦以為爾。而盧思道之徒，雅所不惬。

何遜詩實為清巧，多形似之言；揚都論者，恨其每病苦辛，饒貧寒氣，不及劉孝綽之雍容也。雖然，劉甚忌之，……又撰《詩苑》，止取何兩篇，時人譏其不廣。劉孝綽當時既有重名，無所與讓；唯服謝朓，常以謝詩置几案間，動靜輒諷味。簡文愛陶淵明文，亦復如此。

所謂「孝元諷味」王籍的詩、劉孝綽「動靜輒諷味」謝朓的詩，「諷味」是動詞，即對詩歌進行的吟詠、審美的活動，但所諷誦、品「味」的對象「內容」是什麼呢？就是詩歌的「滋味」（美感）；這種「滋味」又是從何而來的呢？第一，是像王籍《入若耶溪》詩所具有的「文外獨絕」。「蟬噪林逾靜，鳥鳴山更幽」兩句，能夠將山林的幽靜描寫出來，而且由此給人體會到作者那種入於「自然」而超拔塵俗的精神，所以達到「文外斷絕」的境地。「文外斷絕」就是說王籍《入若耶溪》達到「文外之意」的絕境，不是通過「玄理」來說明，而是通過對自然景物的生動描寫來表現。第二，是詩歌對自然景物（藝術表現的對象）生動形象的描寫，如蕭愨的《秋夜》詩那樣表現出「宛然在目」的情景。蕭愨，字仁祖，蘭陵人，乃梁宗室蕭曄之子，（北齊）天寶（西元562至564年）中入齊，後入隋。其《秋夜》全詩為：「清波收潦日，華林鳴籟初。芙蓉露下落，楊柳月中疏。燕幃綃綺被，趙帶流黃裙。相思阻音息，結夢感離居。」（逯欽立輯校《先秦漢魏晉南北朝詩・北齊詩卷二》）據詩意，《秋夜》一定是作於蕭愨入北齊後。其中「芙

蓉露下落，楊柳月中疏」二句確為全詩中的佳句，描寫秋天夜晚的霜露，點點浸變了一切的大自然，那木芙蓉花的肌膚也經不住北方秋夜的微寒，一葉葉悄然落下，無眠之人（詩人）似乎能聽到芙蓉花輕微落下的聲音，再仰首而望，只見那清涼無比的一輪明月，高高懸在楊柳樹梢上的寥寂的天空，心境不由得更加淒清寂寞，更加思念自己的家鄉和親人，這也寄託了作者一定的故國（梁朝）情懷。顏之推說：「吾愛其蕭散，宛然在目。潁川荀仲舉、琅邪諸葛漢，亦以為爾。」這說明他對詩歌確有很高的審美鑑賞力，「而盧思道之徒，雅所不愜」，這是批評別人沒有體會到這二句詩的妙處；第三，是對詩歌語言的品味，「情致」的把握。顏之推認為詩歌狀物要「形似」，語言要「清巧」（如何遜的詩）才好。總之，詩歌的描寫要「工」，「工」而「形似」，才能達到「文外獨絕」的藝術境地。以上這三點就是顏之推體會到的「詩味」所產生的根據，簡單地說，就是通過對詩歌描寫的「意象」情境的體會而獲得「滋味」美感。到顏之推，可以看到詩歌「意境」論已經呼之慾出了，雖然他沒有提出「意境」這個藝術理論範疇。但在此也強調說明一下，「詩味」不等於詩歌的「意境」，而是「意境」給人的審美感受（美感）。除〈文章〉篇外，顏之推的《顏氏家訓》還用「味」來指音樂的美感和弦外的情意。〈雜藝〉篇云：「《禮》曰：君子無故，不徹琴瑟。古來名士，多所愛好。洎於梁初，衣冠子孫，不知琴者，號有所闕。大同之末，斯風頓盡。然而此樂愔愔，雅緻有深味哉！今世曲解，雖變於古，猶足以暢神情也。」認為琴樂「雅緻有深味」，能夠「暢神情」（就如宗炳以山水畫來暢神」一樣）。

通過以上對六朝文人在詩文中所使用的「味」的語詞、術語到「文論」著作中幾種代表性的「味」論觀點和「味」的範疇的考察與分析，《文心雕龍》和《詩品》尚除在外，就能夠說明，六朝時期確是「藝味」

説的形成時期，各種「味」論觀點和「味」的美學範疇的建立，對後代「藝味」說的進一步發展，產生了重要影響。

第三節　《文心雕龍》中的「味」論

在六朝時期，《文賦》《文心雕龍》和《詩品》可謂是最有代表性的文學理論批評論著，而《文心雕龍》和《詩品》兩部專著更是達到當時最高的理論水平，成為並峙於齊梁時代的文論雙峰，影響極為深遠。清代章學誠説：「《詩品》之於論詩，視《文心雕龍》之於論文，皆專門名家，勒為成書之初祖也。」（《文史通義》〈詩話〉）《文心雕龍》和《詩品》在文學理論批評研究中[22]，結合有關理論命題，提出了許多新的美學範疇，其中「味」就是其主要範疇之一。劉勰（約465-約532）和鍾嶸（？-約518）通過「味」的範疇的運用，對文學作品的美感和審美特性，作了獨到的分析，不僅代表了六朝「藝味」說形成時期的最高水平，也推動了以「味」論「藝」的批評風氣的進一步發展，故本節和下節，分別作專門討論。

一、《文心雕龍》中的「味」的範疇及其特點和美學內涵的分析

《詩品》基本屬於「文學批評」，而《文心雕龍》卻把「史、論、評」結合在一起，側重於理論的研究。《文心雕龍》中提及的有「餘（余）味」[23]、「遺味」「道味」「義味」「辭味」「精味」等一系列的

22　本書所引《文心雕龍》原文，均據周振甫：《文心雕龍註釋》，人民文學出版社1983年版。

23　「餘味」，後或作「余味」。按：「餘」有豐饒之義，還有剩餘，多餘之義。孔穎達釋「遺味」為「遺餘之味」，即指剩餘之味。在古漢語中「餘」可通「余」。今簡化字在剩餘、多餘的義項上，通常作「余」，將「餘味」作「余味」「餘意」作「余意」，本書一般將「余味」直接作「餘味」。

名詞性的術語、範疇，都涉及對「文」（特別是文學作品）的思想內容和藝術形式兩個方面的品評和美感的分析，特別是「餘味」等，可謂是純粹的美學範疇，對後代有重要影響；還有作為動詞用的「味」「諷味」等，較為明確地在「審美」的意義上加以使用。《文心雕龍》中這些範疇有些是前代詩文作品和有關論著中已經出現過的，有些只在佛學研究著作中出現過，而沒有在文藝論著中出現過。通過對這些「味」的範疇的分析，不僅可以進一步說明「藝味」說是在六朝時期形成的，而且可以由此瞭解劉勰的文藝思想觀念及其對文學審美特性的基本認識。

　　先說明一下其中有關的問題。《文心雕龍》中提及「味」的術語和範疇共十九次[24]，其中有三處「味」字，或是在食物滋味意義上使用的普通語詞，或為使用典故論述有關問題的，其「味」字本身沒有什麼特別的美學含義：第一處見於〈論說〉篇，其列舉「說之善者」，提及「伊尹以論味隆殷」，這只能說明劉勰對伊尹「說湯以至味」的故事很熟悉，這句話中的「味」本身不是一個美學概念[25]；第二處見於〈通變〉篇：「故論文之方，譬諸草木，根幹麗土而同性，臭味晞陽而異品矣。」這裡的「臭味」，指草木的「氣味」，本身也沒有什麼美學含義。這句話是說文體有定製（所謂「同性」）而通變沒有定規（所謂「異品」），

24　按：〈隱秀〉篇的補文有：「始正而末奇，內明而外潤，使玩之者無窮，味之者不厭矣。」這種「味」字的用法，已見於〈情采〉篇等，且該文所補部分乃後人偽托，應予以剔除。又，〈通變〉篇有論曰：「從質及訛，彌近彌淡。何則？競今疏古，風味（末）氣衰也。」不同版本有作「風味」有作「風末」者，當以作「風末」為是，所謂「風末氣衰」，即「文」的風力、骨氣都較微弱的意思。以上二處，沒有計入其十九處的「味」字之中。

25　劉勰熟悉這個故事，也能說明很重要的意義，參見第五章第二節中關於「味」與中國古代的飲食文化背景關係的討論。

即「設文之體有常，變文之數無方」的意思；第三處見於〈誇飾〉篇：「且夫鵻音之丑，豈有泮林而變好；荼味之苦，寧以周原而成飴：並意深褒贊，故義成矯飾。」這裡「荼味」的「味」本身也沒有什麼美學含義。這樣有一定美學意義的「味」字只有十五處，其中「餘味」在〈宗經〉和〈隱秀〉篇中出現兩次，而〈聲律〉篇「贊」語中，所謂「聲得鹽梅，響滑榆槿」，雖未用「味」這個詞，但實質上也是用「味」論述問題的。下面分為三組，一一列舉，並作簡要分析。

第一，《文心雕龍》中作為動詞來運用的「味」的語詞，基本突破一般「語詞」（如閱讀、體會等）的含義，而具有「審美」的邏輯內涵。《老子》〈六十三章〉中就有「味無味」的說法，「味無味」的第一個「味」字，就是動詞，相當於「體味」的意思。從漢魏兩晉時代至劉勰生活的宋齊時期，「味」作為動詞來運用，在一般詩文作品中比較常見，既可以用來表示對食物的美味的品嚐，也可以用來表示對某種「玄理」、對「道」的「體驗」，還可以用來表示對音樂、文學作品的美感賞析，上面已經舉列很多的例證。在文藝理論批評的論著中，這種作動詞來使用的「味」，是與現代美學中的「審美」這一範疇比較接近的概念。除下列例證外，還有〈總術〉篇所謂「味之則甘腴」的「味」，大體的意義都是相同的：

揚雄諷味，亦言「體同詩雅」。（〈辨騷〉篇）

至於張衡怨篇，清典可味；仙詩、緩歌，雅有新聲。（〈明詩〉篇）

研味《孝》、《老》，則知文質附乎性情；詳覽《莊》《韓》，則見華實過乎淫侈。（〈情采〉篇）

贊曰：言以文遠，誠哉斯驗。心術既形，英華乃贍。吳錦好渝，

舜英徒豔。繁采寡情，味之必厭。（〈情采〉篇）

在〈辨騷〉篇中，劉勰首先列舉了淮南王劉安、班固、王逸、漢宣帝劉詢及揚雄對《離騷》的品評觀點，然後總結說：「四家舉以方經，而孟堅謂不合傳，褒貶任聲，抑揚過實，可謂鑑而弗精，玩而未核者也。」「諷味」的本意是諷誦品味的意思，這裡指揚雄誦讀《離騷》、品玩其思想內容和藝術特點。審美欣賞側重於「玩」，主要是感性的活動，是主觀的體驗；而文學批評側重於「鑑」，主要是理性的活動，是客觀的研究，批評建立在欣賞的基礎之上。根據下文中的「玩」和「鑑」字，劉勰對審美欣賞和文學批評的這種「玩味鑑別」的活動特點，是與我們今天的認識差不多的。

「味」用來表示對作品的審美，具有沉潛反覆、咀嚼其特別的「滋味」的意思。〈明詩〉篇云：「至於張衡怨篇，清典可味。」「清典」即清麗雅緻，就是指張衡四言《怨詩》整體上具有一種麗雅的風格特徵[26]，讀來給人一種美的享受，也就是説《怨詩》的「味」的內涵，就是這種「清典」特徵所給人的美感。前述西晉夏侯湛《張平子碑》稱頌張衡的「詩賦雅頌之辭」等成就，譽為「辭宗」，又謂其「誥頌」及《二京》《南都》等大賦，「英英乎其有味」（《全晉文》卷六十九）。可見，夏侯湛稱頌張衡的「有味」的作品，是可以包括這首《怨詩》的。劉勰〈明詩〉篇專論詩歌，故特別列舉張衡的《怨詩》等作，稱之「可味」，也就是説這些詩作有「味」。

至於〈情采〉篇中的「研味」和「味之必厭」的「味」，同樣具有

26　《怨詩》曰：「猗猗秋蘭，植彼中阿；有馥其芳，有黃其葩；雖曰幽深，厥美彌嘉；之子之遠，我勞何如？」以秋蘭喻美人，暗申懷才不遇之意。

「審美」的意思。雖然按今天的學科分類來講，《老子》《莊子》《韓非子》主要屬於哲學著作，而《孝經》可謂是倫理學著作，是古代儒家的經典，但劉勰不是要去「研味」這些著作的哲學、倫理乃至政治的思想，而是要「研味」其「文質」與「性情」的表現特點，是從「文」的寫作角度講的。所謂「研味」的本義，就是「詳覽」；但又和我們從學術的角度進行「研究閱讀」不同，是一種「審美」的活動。而〈情采〉篇更是明確地說明：「情」和「采」是構成「文」（包括詩文、駢賦、頌讚等文學作品）的兩個基本「成分」，「情」屬於內容，而「采」屬於形式，「采」依附於「情」，沒有「情」的「采」，愈「繁」而愈失其「真」，但內容和形式又是混成一體而不可分割的整體，所謂「文采所以飾言，而辯麗本於情性。故情者文之經，辭者理之緯；經正而後緯成，理定而後辭暢，此立文之本源也」，主張「為情而造文」，反對「為文而造情」，認為「為情者要約而寫真，為文者淫麗而煩濫」。故〈情采〉篇「贊」語中所謂「繁采寡情，味之必厭」，「味」的對象主要有「情」與「采」，而「文」的美「味」是從這個對象中產生的。

　　第二，「意象」的創造、藝術語言的表現和「餘味」論。以下五處中的「味」都是名詞性的，是劉勰運用的重要的美學範疇，主要是論述「文」的「遺味」和「餘味」的美感問題。「遺味」出自《禮記》〈樂記〉等著作中，比喻〈清廟〉這種詩（頌）樂的一種「質素」的美感。而「餘味」在劉勰之前只在佛學研究著作出現過，劉勰第一次將之運用於文學批評之中，「餘味」正是從前代「遺味」發展而來的一個概念。如：

　　至根柢槃深，枝葉峻茂，辭約而旨豐，事近而喻遠；是以往者雖舊，餘味日新。（〈宗經〉篇）

　　及班固述漢，因循前業，觀司馬遷之辭，思實過半。其《十志》
該富，贊序弘麗，儒雅彬彬，信有遺味。（〈史傳〉篇）

　　子云沈寂，故志隱而味深。（〈體性〉篇）

　　贊曰：深文隱蔚，餘味曲包。辭生互體，有似變爻。言之秀矣，
萬慮一交。動心驚耳，逸響笙匏。（〈隱秀〉篇）

　　是以四序紛回，而入興貴閒；物色雖繁，而析辭尚簡；使味飄飄
而輕舉，情曄曄而更新。古來辭人，異代接武，莫不參伍以相變，因
革以為功，物色盡而情有餘者，曉會通也。（〈物色〉篇）

　　劉勰與嵇康、陸機等人不同（已詳上文），是從正面的意義來運用
「遺味」的範疇的，劉勰說的「遺味」，也就是「餘味」，其基本美學含
義是一致的，這在一定程度反映劉勰主張「文」要「宗經」的儒家思
想傾向，但無論是「遺味」還是「餘味」的範疇，劉勰都從審美的角
度大大地豐富了其美學內涵，分析與論述了「文」的審美特性。劉勰
認為儒家的「五經」是「文」的本源，「經」又是聖人本「自然之道」
而創立的，「道」為「文」之本體，由此提出「道沿聖以垂文，聖因文
以明道」的「道聖文」三位一體的「文」論綱領（見《文心雕龍》〈原
道〉）。「五經」的總體特點是「辭約而旨豐，事近而喻遠」，這就是「餘
味」。可見，劉勰在《文心雕龍》〈宗經〉中所說的「餘味」，是從「文」
的審美鑑賞出發，對「經」的一種審美的分析，而不是從什麼「質素」
之「德」的思想角度出發的。〈宗經〉篇云：「故文能宗經，體有六義：
一則情深而不詭，二則風清而不雜，三則事信而不誕，四則義直而不
回，五則體約而不蕪，六則文麗而不淫。」所謂「情深」「風清」，是
指思想感情的表達要真摯感人；「事信」「義直」，指內容信實而不虛
誕，義理正直而文脈清楚。這四者主要是側重從思想內容來說的，相

當於他所説的「辭約而旨豐，事近而喻遠」中的「旨」和「事」的方面；所謂「體約」指「文」的體制「清爽」而不繁亂；「文麗」指語言要有文采而又不雕飾過度，符合「為情而造文」的原則。如果為「文」做到如「經」一樣的「辭約而旨豐，事近而喻遠」，那就是有「餘味」。

范曄《獄中與諸甥侄書》説：「詳觀古今箸（著）述及評論，殆少可意者，班氏最有高名，既任情無例，不可甲乙辨。後贊於理近無所得，唯志可推耳。」（《全宋文》卷十五）劉勰在《文心雕龍》〈史傳〉中也稱贊班固《漢書》的「《十志》該富」和《本紀》《列傳》《志》及《表》中的「贊序弘麗」，是「儒雅彬彬」（即文質雙備）而有「遺味」，這裡的「遺味」也是從「文」和「質」兩個方面説的，是從「為文」的角度對《漢書》的鑑賞批評。《文心雕龍》〈體性〉就是從作家主體的「才力」「情性」角度出發，討論作品的風格，指出「文」主要風格可以歸納為八種類型：「一曰典雅，二曰遠奧，三曰精約，四曰顯附，五曰繁縟，六曰壯麗，七曰新奇，八曰輕靡。」至於説「子云沈寂，故志隱而味深」，就是認為揚雄的性情沉靜而好深思，故為「文」具有深奧的特點（屬於「遠奧」一類），「遠奧」也是一種「美（感）」。

如果説劉勰《文心雕龍》中〈宗經〉篇的「餘味」和〈史傳〉篇中的「遺味」，是論述的「經」「史」之「文」的話，那麼在〈隱秀〉和〈物色〉二篇論述的「餘味」問題，主要就是以文學作品（特別是詩賦等）為分析對象的。〈神思〉篇所謂「玄解之宰，尋聲律而定墨；獨照之匠，窺意象而運斤」，就是論述作者要運用「神思」的藝術思維方法，在「神與物游」即審美主體的心靈與審美對象的「外物」相互交融的構思活動中，創造審美「意象」，最終運用藝術語言（包括「聲律」）將之表現出來。文學創作以審美「意象」的營構為中心，「餘味」產生自「意象」；但文學是語言的藝術，「意象」最終要通過藝術語言

來表現。〈隱秀〉篇說:「故自然會妙,譬卉木之耀英華;潤色取美,譬繒帛之染朱綠。朱綠染繒,深而繁鮮;英華耀樹,淺而煒燁,隱秀所以照文苑,蓋以此也。」「自然會妙」與「潤色取美」是劉勰關於藝術語言的基本觀點。「自然」和文采要統一(「自然」本身即有「文」),是劉勰在〈原道〉篇就建立起來的理論基點,這一論點貫穿在《文心雕龍》全書之中。

〈隱秀〉篇主要就是從藝術語言的角度論述「意象」的創造和表現問題,提出了「餘味」的美感要求。〈隱秀〉開篇就說:「隱也者,文外之重旨者也;秀也者,篇中之獨拔者也。隱以復意為工,秀以卓絕為巧,斯乃舊章之懿績,才情之嘉會也。夫隱之為體,義生文外,秘響旁通,伏采潛發,譬爻象之變互體,川瀆之韞珠玉也。故互體變爻,而化成四象;珠玉潛水,而瀾表方圓。」〈隱秀〉是一殘篇,據宋代張戒《歲寒堂詩話》,該篇中還有「狀溢目前曰秀,情在詞外曰隱」兩句。所謂「隱」就是指藝術的語言要含蓄委婉地表現「意象」;所謂「秀」就是專指那些能夠生動形象地表現「意象」的精警之句。結合起來說,就是運用藝術語言來表現審美「意象」,要「自然」又要有「文采」,要簡練生動、鮮明形象(「物色」的描寫等)而又含蓄不盡,所以能令人在審美欣賞中,感受到一種無窮的很難言盡的美感,這就是「餘味」這一美學範疇的內涵,〈隱秀〉篇所說的「深文隱蔚,餘味曲包」中的「餘味」與〈宗經〉篇所說的「辭約而旨豐,事近而喻遠」的「餘味」,正是前後統一的論述。

〈物色〉篇主要是從「物色」的表現角度論述「意象」的創造和表現問題,也提出了「餘味」的美感要求。劉勰用「物色」一詞為篇題(論題),是經過仔細的思考的,符合當時的創作實踐的。因為無論是《詩經》還是《楚辭》,無論是漢魏六朝的大賦、小賦還是古詩、樂

府、山水田園詩，都有對「外物」（主要指自然景物）的描寫，通過「外物」的描寫來抒情言志，而這種「外物」正是審美「意象」的本原，審美「意象」就是在「寫氣圖貌，既隨物以宛轉；屬采附聲，亦與心而徘徊」的心物交融的過程中產生的。故「物色」一詞，設格較寬，比唐以後「意境」論中的「景」要寬泛。〈物色〉篇中所謂「味飄飄而輕舉，情曄曄而更新」，「物色盡而情有餘」（從「會通」角度來論的）的藝術效果，就是「餘味」。沒有「情」的投入（心靈的融入），「物色」只能是客觀外物，審美主體在「虛靜」以感物起「興」（所謂「入興貴閒」）的審美活動中，「情往似贈，興來如答」，將「物色」描寫到作品之中，才有審美「意象」的產生，所以劉勰在此特別強調一個「情」字。「物色盡而情有餘」的「物色」，已經不再是原來的客觀的外物；而「情有餘」則「味」有「餘」。

第三，如果說劉勰提出的「餘味」論，是對作品的整體美感的分析和要求，而且是著重從「意象」「情采」的角度予以分析的，那麼這種整體美感是與作品的思想內容和藝術形式等各個方面藝術要素的有機構成密切相關的。劉勰不僅主「為文」要貫徹「宗經」的思想原則，更結合創作實踐，對藝術的內部規律和藝術表現作了深入的分析，從而揭示了「文」作為語言藝術的審美特性。劉勰《文心雕龍》在論述諸如聲律、對偶、字句、章法等問題時，也使用「味」的範疇，這就使作品的美感得到了超越前人的「細部分析」。如：

是以聲畫妍蚩，寄在吟詠，滋味流於下句，風力窮於和韻。異音相從謂之和，同聲相應謂之韻。韻氣一定，則余聲易遣；和體抑揚，故遺響難契。
贊曰：標情務遠，比音則近。吹律胸臆，調鍾唇吻。聲得鹽梅，

響滑榆槿。割棄支離，宮商難隱。（〈聲律〉篇）

　　贊曰：體植必兩，辭動有配。左提右挈，精味兼載。炳爍聯華，鏡靜含態。玉潤雙流，如彼珩佩。（〈麗辭〉篇）

　　若統緒失宗，辭味必亂；義脈不流，則偏枯文體。夫能懸識湊理，然後節文自會，如膠之粘木，石之合玉矣。

　　贊曰：篇統間關，情數稠疊。原始要終，疏條布葉。道味相附，懸緒自接。如樂之和，心聲克協。（〈附會〉篇）

　　若夫善弈之文，則術有恆數，按部整伍，以待情會，因時順機，動不失正。數逢其極，機入其巧，則義味騰躍而生，辭氣叢雜而至。視之則錦繪，聽之則絲簧，味之則甘腴，佩之則芬芳，斷章之功，於斯盛矣。（〈總術〉篇）

　　宋齊時期，「四聲」規則的發現後，在沈約、王融等人大力提倡下，很快被用之於詩歌創作，出現了「永明體」文學。鍾嶸〈詩品序〉云：「王元長創其首，謝朓、沈約揚其波。三賢咸貴公子孫，幼有文辨，於是士流景慕，務為精密。襞積細微，專相凌架。故使文多拘忌，傷其真美。余謂文制本須諷讀，不可蹇礙，但令清濁通流，口吻調利，斯為足矣。至平上去入，則余病未能；蜂腰、鶴膝，閭里已具。」鍾嶸並非說詩歌不要講聲韻，而是反對過度追求而妨礙「真美」，主張的是一種自然聲韻論，批評的是沈約的「八病」論（所謂「平頭、上尾、蜂腰、鶴膝、大韻、小韻、旁紐、正紐」）。「八病」雖然過於苛刻，但沈約等人對詩歌聲韻的研究，對其後「近體詩」（主要是律詩、絕句）的聲韻體制產生了重要影響。沈約《宋書》〈謝靈運傳論〉云：「夫五色相宣，八音協暢，由乎玄黃律呂，各適物宜，欲使宮羽相變，低昂互節，若前有浮聲，則後須切響。一簡之內，音韻盡殊；兩

句之中，輕重悉異，妙達此旨，始可言文。」這和劉勰〈聲律〉篇所論比較一致，劉勰云：「故言語者，文章關鍵，神明樞機，吐納律呂，唇吻而已。」又云：「凡聲有飛沈，響有雙疊，雙聲隔字而每舛，疊韻離句而必睽；沈則響發而斷，飛則聲揚不還：並轆轤交往，逆鱗相比。」（〈聲律〉）所以，劉勰〈聲律〉篇所説的「滋味流於下句，風力窮於和韻」中的「滋味」，就是指造句遣言，注意聲韻的「飛沉」，從而產生一種審美聽覺上的和諧悦耳的美感。劉勰又所謂「聲得鹽梅，響滑榆槿」，也是用食物之美在於調和出和諧適口的「滋味」，來比喻這種聲韻之美。鹽梅、榆槿，均用以調味。《尚書》〈説命〉：「若作酒醴，爾惟麴糵；若作和羹，爾惟鹽梅。」《禮記》〈內則〉記載榆樹槿菜能用為調料。「聲得鹽梅」，以「鹽梅」調味之品，喻其聲韻之「和味」，此與司空圖以之比「韻外之致」「味外之旨」有所不同。——劉勰注重的是聲韻本身和諧問題，司空圖注重的「韻外」之美，「韻外之致」非專指「聲韻」。

〈麗辭〉篇是承接〈章句〉篇而專講駢儷對偶的問題，所謂「左提右挈，精味兼載」的「精味」，就是指駢儷之造句給人產生的美感。其「精」包括了劉勰對對偶句的各個方面的要求，達到這些要求就是「精」，有「精」就有「精味」。「精」的標準有哪些呢？主要有四個方面：第一是「自然」，所謂「高下相須，自然成對」；第二是要有「逸韻」，所謂「迭用奇偶」，「偶意共逸韻俱發」；第三要有「文采」，所謂「麗句與深采並流」；第四是要「精巧」「允當」，富有「理趣」，「理圓事密」。劉勰〈麗辭〉篇説：「故麗辭之體，凡有四對：言對為易，事對為難；反對為優，正對為劣。言對者，雙比空辭者也；事對者，並舉人驗者也；反對者，理殊趣合者也；正對者，事異義同者也。」《文心雕龍》本身，精妙駢儷之句比比皆是，劉勰對駢儷對偶確實具有

自己的創作體會，後人論「對偶」，未能踰越其藩籬。

〈附會〉篇討論的是「章法」問題，劉勰説：「何謂附會？謂總文理，統首尾，定與奪，合涯際，彌綸一篇，使雜而不越者也。」〈附會〉篇所謂「若統緒失宗，辭味必亂；義脈不流，則偏枯文體」，這裡的「辭味」就是指作品的言辭與表現的「文理」之間契相符合，文脈流暢自然的美感。又所謂「道味相附，懸緒自接。如樂之和，心聲克協」，這裡的「道味」就是指整篇作品的「文理」的「雜而不越」，從而使作品在體制結構、言語表現等各個方面產生出一種十分「和諧」的美感，所謂「如樂之和」。實際上「道味」包括了「辭味」，但「道味」和「辭味」側重點不同，「道味」側重在「文理」結構，而「辭味」側重在語言表現。劉勰説：「是以附辭會義，務總綱領，驅萬涂於同歸，貞百慮於一致；使眾理雖繁，而無倒置之乖，群言雖多，而無棼絲之亂；扶陽而出條，順陰而藏跡，首尾周密，表裡一體，此附會之術也。」做到這些要求，就是有「道味」。

〈總術〉篇所謂「數逢其極，機入其巧，則義味騰躍而生，辭氣叢雜而至」，這裡「義味」與「辭氣」並舉，二句是互文，「騰躍而生」就是「叢雜而至」的意思，所以，「義味」相當於〈附會〉篇的「道味」，就是指創作表現中，文理自然而言辭順暢那種審美主體的感受，作者有這種「感受」創作出的作品，讀者就會產生有「道味」的感受。

二、《文心雕龍》與佛經傳譯中的「味」論的比較分析

《文心雕龍》中所使用的「味」的術語和範疇，在宋齊之前和當時的佛學研究論著中基本都出現過，主要體現在一些高僧為佛經作「解説」或為討論翻譯問題而撰寫的經序中，這些經序很多都被僧祐收載於《出三藏記集》之中。這些討論佛經傳譯問題的經序中的「味」論和有關「味」的概念的使用，與魏晉時代精通內、外之學的高僧（如

竺法雅、道安等）運用「格義」的方法解說、翻譯佛經有關[27]。劉勰對
這些經序當是非常熟悉的，他在定林寺曾依附僧祐達十餘年之久，僧
祐《出三藏記集》的初編（約編成於南齊末年）為十卷本，開始編撰
時間（約在南齊建武年間）早於《文心雕龍》的成書時間[28]。把《文心
雕龍》中的「味」論與佛經傳譯中的「味」論結合起來進行分析，不
僅可以說明六朝「藝味」說的形成與佛經傳譯中的「味」論之間具有
相互影響的關係，也為《文心雕龍》與佛學研究的關係，提供一個研
究的實例（還可以按照此例，列舉有關的其他範疇來進行說明）。

下面選擇材料均來自《出三藏記集》，包括僧祐所撰寫的經序和僧
傳[29]，列舉有關對佛經及其對傳譯問題討論時所提到的有關「味」的術
語和範疇，略作三點分析：

第一，關於佛學文章中用來比喻反覆誦讀經文而有所體會的「味」
（動詞性的術語）和用來比喻吟誦佛經獲得一種獨特的難以言盡的「味」
（名詞性的術語、概念）。如：

以大寂為至樂，五音不能聾其耳矣；以無為為滋味，五味不能爽
其口矣。（道安《陰持入經序》，《出三藏記集》卷六）
外國岩岫之士，江海之人，於《四阿含》多詠味茲焉。（道安《增
一阿含序》，《出三藏記集》卷九）

---

27 慧皎《高僧傳》〈竺法雅傳〉云：「雅乃與康法朗等，以經中事數，擬配外書，為生
解之例，謂之格義。及毗浮、相曇等，亦辯格義，以訓門徒。雅風采灑落，善於樞
機。外典佛經，遞互講說。與道安、法汰每披釋湊疑，共盡經要。」湯用彤校注，中
華書局1992年版。
28 參閱拙文《〈出三藏記集〉與〈文心雕龍〉新論》，載《安徽師範大學學報》1999年
第3期。
29 僧祐：《出三藏記集》，蘇晉仁、蕭鍊子點校，中華書局1995年版。

　　領大品之王標，備小品之玄致。縹縹焉攬津乎玄味，精矣盡矣，無以加矣。斯人也，將神王於冥津，群形於萬物，量不可測矣。宜求之於筌表，寄之於玄外。（支道林《大小品對比要抄序》，《出三藏記集》卷八）

　　……諷味講說，三紀於茲，每披聖文以凝感，望遐路以翹心。遂搜訪古今，撰《薩婆多記》。（僧祐《薩婆多部記目錄序》，《出三藏記集》卷十二）

　　（竺道生）既踐法門，俊思卓拔；披讀經文，一覽能誦；研味句義，即自解說。（《道生法師傳》，《出三藏記集》卷十五）

　　會天竺沙門曇摩崛多、曇摩耶舍等，義學來游，秦王（引者按：指姚興）既契宿心，相與辯明經理。起清言於名教之域，散眾微於自無之境，超超然誠韻外之致，悕悕然覆美稱之實，於是詔令傳譯。然承華天哲，道嗣聖躬。玄味遠流，妙度淵極。特體明旨，遂贊其事。（道摽《舍利弗阿毗曇序第五》，《出三藏記集》卷十）

　　阿毗曇者，秦言大法也。……其說智也周，其說根也密，其說禪也悉，其說道也具。……故為高座者所咨嗟，三藏者所鼓舞也。其身毒來諸沙門，莫不祖述此經，憲章鞞婆沙，詠歌有餘味者也。（道安《阿毗曇序》，《出三藏記集》卷十）

　　以上材料中，道安（314-385）《陰持入經序》所謂「以無為為滋味」等論，明顯是用老莊思想來「擬配」佛經，是一種「格義」之論。所謂「格義」就是用「外書」即中國的經、史、子等著作中思想義理、概念，來比附說明佛經中的「事數」、概念。後來道安明確表示反對「格義」的方法，認為「先舊格義，於理多違」（慧皎《高僧傳》〈僧光傳〉）。湯用彤先生認為：「漢代佛學為『方仙道式』的佛學，六朝佛

學是『玄學』。」而在漢末至晉代的漢魏時期，佛學有兩大系統，一為「禪學」，一為「般若」，但是到了晉代，般若學因為種種原因，「在學術界上占較大的勢力」[30]。道安《增一阿含序》認為《四阿含》有「味茲」（即「滋味」），支道林（314-366）《大小品對比要抄序》認為《大品》《小品》有「玄味」，說大品「言數豐具，辭領富溢，問對衍奧，而理統宏邃」，而小品「辭喻清約，運旨罿罿」。這都反映了從玄學角度去理解佛經義理的傾向。支遁（道林）本人就是晉代以談玄而著名的高僧，尤為精通《莊子》。魏晉時代人物品評、清談玄理之風盛行，如前所論，從《世說新語》中，可以看到清談玄理和品評人物時，也經常使用「味」的概念，或以之形容人物的精神風姿，如「風味」等概念，或以之比喻玄理的理趣等，如「玄味」「理味」「淡味」等概念，還有如「尋味」「鑽味」「研味」「諷味」「追味」等動詞性的術語，表示對玄理的鑽研、體會、咀嚼的意思。這些作為動詞來使用的「味」，同樣也在佛學論著中大量出現，表現的意思是基本相同的，如上引《道生法師傳》中的「研味句義」的「研味」，僧祐（445-518）《薩婆多部記目錄序》中「諷味講說」的「諷味」，就是例證。所以「研味」「諷味」被劉勰運用到《文心雕龍》中，用來表示對作品閱讀、把玩、欣賞的意思，賦予了具有現代美學中「審美」這一範疇的含義，是非常自然的事。

　　這裡尤為值得注意的是道摽《舍利弗阿毗曇序》，不僅以「玄味」比喻佛經義理，還提出「韻外之致」的說法，其所謂「韻外之致」與後來唐代司空圖論詩要有「韻外之致」不同，但就「言外之意」的角度講，也有相通之處。道摽說的「韻外之致」不是指人的風韻情致，

30　湯用彤：《理學・佛學》〈玄學〉，第211頁。

而是曇摩崛多、曇摩耶舍與秦王等「相與辯明經理」、誦讀佛經的音韻之美，具有令人體會無窮的滋味。陳寅恪、饒宗頤等先生都曾對佛經轉讀與永明聲律運動的關涉性作過論述。把《文心雕龍》〈聲律〉篇與慧皎《高僧傳》卷十二《誦經》、卷十三《經師》及同卷《唱導》之「論」「贊」聯繫起來看，可以説明劉勰重視「聲文美」，除了傳統的音樂、聲律學的影響外，當也直接受佛經「轉讀」論的濡染。僧祐對經唄、唱導有所研究、對悉曇學有所涉獵，饒宗頤先生已經多次指出[31]，這對於劉勰贊同永明聲律之説，並在《文心雕龍》中專列〈聲律〉篇進行集中討論，當有深刻之影響。《高僧傳》卷十三《經師》「論」曰：「夫篇章之作，欲使言味流靡，辭韻相屬。……然東國之歌也，則結韻以成詠；西方之贊也，則作偈以和聲。雖復歌贊為殊，而並以協諧鐘律，符靡宮商，方乃奧妙。故奏歌於金石，則謂之以為樂；設贊於管弦，則稱之為唄。」也提出聲音的「韻」與「和」的問題，認為「轉讀之為懿，貴在聲文兩得。若唯聲而不文，則俗情無以得人。」雖然慧皎《高僧傳》的成書比《文心雕龍》晚，但其論述的佛經「轉讀」吟誦問題，晉代的高僧就已經加以研討。而道安《阿毗曇序》所謂「莫不祖述此經，憲章鞞婆沙，詠歌有餘味者也」，就「言外之意」的角度而言，道標所説的「韻外之致」和道安所説的「餘味」，明顯與劉勰論〈聲律〉的「滋味」以及論「隱秀」的「餘味」之概念含義，有一致之處；僅就其概念的使用而言，前後也有繼承關係。只是道標、道安是講的辨析佛理和誦讀佛經而已。

31　參見饒宗頤：《文心雕龍聲律篇與鳩摩羅什通韻——論四聲説與悉曇學之關係兼談王斌、劉善經、沈約有關諸問題》、《文心與阿毗曇心》（《梵學集》第93、179頁，上海古籍出版社1995年版）和《梁僧祐論》（《中國宗教思想史新頁》第17頁，北京大學出版社2000年版）等文。

第二，在佛學論著中，對佛經傳譯的「文質」「音義」等問題進行討論時，也常常使用「味」的術語、概念，來比喻翻譯是否達「意」、言辭是否具有「美感」等。如：

童壽以此論深廣，難卒精究，因方言易省，故約本以為百卷，計所遺落，殆過三倍。而文藻之士猶以為繁，咸累於博，罕既其實。譬大羹不和，雖味非珍；神珠內映，雖寶非用。信言不美，固有自來矣。……遠於是簡繁理穢，以詳其中，令質文有體，義無所越。……以為集要，凡二十捲。」（慧遠《大智論抄序》，《出三藏記集》卷十）

考前常行世戒，其謬多矣。或殊文旨，或粗舉意。昔從武遂法潛得一部戒，其言煩直，意常恨之。而今侍（引者按：指能口述《比丘大戒》梵文的曇摩侍）戒規矩與同，猶如合符，出門應徹也。然後乃知淡乎無味，乃直道味也。（道安《比丘大戒序》，《出三藏記集》卷十一）

……安公先所出《阿毗曇廣說》《三法度》等諸經，凡百餘萬言。譯人造次，未善詳審，義旨句味，往往愆謬……（《僧伽提婆傳》，《出三藏記集》卷十三）什每為睿論西方辭體，商略同異，云：「天竺國俗，甚重文藻，其宮商體韻，以入弦為善，凡覲國王，必有贊德，見佛之儀，以歌嘆為尊，經中偈頌，皆其式也。但改梵為秦，失其藻蔚，雖得大意，殊隔文體。有似嚼飯與人，非徒失味，乃令嘔噦也。」（《鳩摩羅什傳》，《出三藏記集》卷十四）

慧遠（334-416）《大智論抄序》認為童壽「約本以為百卷」的《大智論》，雖「計所遺落，殆過三倍」，但仍有「煩直」之不足，所以與其他僧徒一起編撰一部《集要》（即《大智論抄》），他認為「譬大羹不

和，雖味非珍」，所以慧遠對原來的翻譯之言辭也加以修飾，使之「質文有體，義無所越」。道安《比丘大戒序》以「無味」「道味」比喻其文辭的質樸。佛經中的戒律等經文，是本來質樸無文的，最初有關傳譯之文，道安研讀之後，不信如此「煩直」，後從法濟處得「一部戒」，令人傳譯，道安讀後，知道本來「煩直」，故說：「然後乃知淡乎無味，乃直道味也。」《僧伽提婆傳》記載其認為道安令人傳譯的《阿毗曇廣說》、《三法度》等諸經，「義旨句味，往往愆謬」，就是說沒有將佛經原有義旨很好地傳達出來，也失去原典之「味」。所以，僧伽提婆所說的「句味」，相當於「辭味」，指佛經的言辭之美。

鳩摩羅什（344-413）提出的翻譯「失味」論，具有重要的意義。佛經的翻譯是一件非常困難的工作，道安曾提出「五失本三不易」論，作過專門總結和論述。鳩摩羅什認為「天竺國俗，甚重文藻，其宮商體韻，以入弦為善」，也就是說佛經的經文，很多是有文采的，而且不少是「韻文」，所以說：「改梵為秦，失其藻蔚，雖得大意，殊隔文體。有似嚼飯與人，非徒失味，乃令嘔噦也。」《出三藏記集》〈鳩摩羅什傳〉又載：「（鳩摩羅什）每自講說，常先說譬：『譬如臭泥，中生蓮花，但採蓮花，勿取臭泥也。』」鳩摩羅什講解佛經重視「得意」，所謂「但採蓮花，勿取臭泥」；在譯經上既重「文藻」，也反對「雖得大意，殊隔文體」。鳩摩羅什的翻譯標誌著佛經傳譯在中國古代走到一個新的境域，歷代學者們多稱此前為「古譯」，此後為「舊譯」，唐代玄奘譯經稱為「新譯」。因為鳩摩羅什較為重視文飾，以追求「達意」為主，而此前譯經較為古直。佛經的翻譯以及一切作品的翻譯，其實都很難逃避「有似嚼飯與人」的命運，但要努力做到不「失味」，就必須要求翻譯者傾注心血，進行一番「再創作」的勞動，能夠做到「語現而理沈，事近而旨遠」，傳神達意，就能基本表現出「原味」。

　　通過以上的舉證分析，可以看到，佛學研究中的「味」的術語、概念，不僅僅是借用中國固有「味」的術語、概念，也不僅僅在於提出一些如「韻外之致」「餘味」等新的概念，而是一種「味」論。也就是說，佛學論著中這些「味」的術語、概念，是高僧們用來比喻佛經的經文、聲韻之美，或用來討論翻譯佛經如何有「文」有「質」，如何「達意」等問題的。這些問題的討論，深化了「味」的內在含義，對包括《文心雕龍》在內的文論著作中的「味」論，無疑具有重要的影響。同時，佛學論著中的「味」論，無論是「味」這個術語、概念，還是有關「文質」討論的思想觀點，又是與中國固有的「味」的術語、概念和有關「文質」等問題的思想觀點密切聯繫在一起的。所以，佛經傳譯中的「味」論與《文心雕龍》及其他文論著作中的「味」論，是一種相互影響的關係，它只是六朝時期形成以「味」論「藝」的批評風氣的一個重要助因。

　　第三，在佛學著作中，有時「味」是作為宣揚佛教思想的專門術語和範疇來使用的，是用來說明佛教義理的，這對「味」形成為純粹的美學范疇也有一定的作用力。如《出三藏記集》卷六載三國時康僧會（？-280）《安般守意經序》云：

　　夫安般者，諸佛之大乘，以濟眾生之漂流也。其事有六，以治六情。情有內外，眼、耳、鼻、口、身、心，謂之內矣；色、聲、香、味、細滑、邪念，謂之外也。

　　又如《維摩詰所說經》經文和註解中亦有「味」的術語、範疇。如其《佛國品第一》：「說法不有亦不無，以因緣故諸法生，無我無造無受者，善惡之業亦不亡。始在佛樹力降魔，得甘露滅覺道成。」其末

句，僧肇（384-414）疏曰：「大覺之道，寂滅無相；至味和神，喻若甘露。於菩提樹，先降外魔。然後成甘露寂滅大覺之道，結習內魔於茲永盡矣。」又《方便品第二》：「雖復飲食，而以禪悦為味」等。中國傳統講「五味」，而佛經中講「六味」，《涅槃經》云：「其食甘美有六種味：一苦、二醋、三甘、四辛、五鹹、六淡。」古印度的《舞論》就論及「劇味」問題，也講「六味」，與我們的傳統不同。「六味」之説，後來也為我國有關飲食文化的論著所吸收。必須強調的是，這種「味」的概念本身所具有的佛教義理，對《文心雕龍》及六朝時代其他「藝味」論者，幾乎沒有什麼影響；但就「味」的語詞之廣泛使用乃至其思維方式（「味」是一種直覺感受）而言，對文藝批評產生一定熏染作用和使用「味」的習氣，應該是存在的。

三、《文心雕龍》中的「味」的範疇群所反映出來的主要理論意義

《文心雕龍》中的「餘味」「遺味」「道味」「義味」「辭味」「精味」等一系列的範疇（或曰「概念」），可以稱之為「味」的範疇群。「味」的範疇出現在《文心雕龍》中一些主要篇章中，無論是其「文之樞紐」論，還是其「論文敘筆」「剖情析采」論，都有運用，而且這些「味」的範疇主要是用來對「文」的美感進行分析的，充分地顯示了劉勰對文學作品的審美特性的關注。

劉勰《文心雕龍》説「五經」有「餘味」（〈宗經〉篇），論作品的「隱秀」問題認為要做到「餘味曲包」，這種「餘味」「遺味」論，是從作品整體的審美要求的角度提出的；而他論聲律提出的「滋味」（〈聲律〉篇），論駢儷提出的「精味」（〈麗辭〉篇），論作品的語言表現要講章法結構而提出的「辭味」（〈附會〉篇）等等，這種聲韻的「滋味」，對仗工巧產生的「精味」、語言表現的「辭味」等，是從作品的細部分析和審美要求角度提出的。「細部」可以包含在「整體」之中，

「餘味」範疇包容性最大，幾乎可以囊括「遺味」「精味」「辭味」「義味」以及聲韻的「滋味」等概念。《文心雕龍》論述的是所有的「文」，雖然其中主要是以詩賦等文學作品為主的，有關「味」的範疇也是針對文學作品的創作和表現的美感要求提出的，但劉勰所說的「文」，畢竟包括所有的「文」──既有「有韻之文」，又有「無韻之筆」，這在一定程度上影響了他對「味」這一範疇內在理論深度的探討，同時，也是與當時文學創作的實際情況密切相關的。在《文心雕龍》提出的一系列的「味」論觀點和「味」的範疇中，唯〈隱秀〉篇提出的「餘味」論，對「味」的範疇的美學內涵分析較為深入。如上所說，有「文外之重旨」「篇中之獨拔」，能夠做到「狀溢目前」「情在詞外」，就能夠做到「餘味曲包」。這正是劉勰「餘味」論對後代產生重大影響之所在，但劉勰提出的「文外之重旨」以及「狀溢目前」「情在詞外」的觀點，畢竟是直接用來解釋「隱」和「秀」的概念的，而不是直接論述「餘味」的。「隱秀」問題已經涉及「意境」理論的一些理論層面，但畢竟劉勰沒有從「意境」的角度作專門深入討論。隨著唐代王昌齡、劉禹錫、皎然等人提出詩歌的「意境」問題，並進行了比較深入的論述，也隨著唐詩把中國古代抒情詩歌推向藝術創作的輝煌頂點，晚唐司空圖就提出了「味外之旨」（或說「味外味」）論及其一系列相關的觀點，深刻地概括了以抒情藝術為主流、以「言志」「緣情」和創造「意境」為主要特點的中國古代藝術的審美特質和「詩性」精神。從先秦兩漢時期的「遺味」說，到劉勰的「餘味」說，再到司空圖的「味外味」說，就把「藝味」問題的研究推向了理論高度的頂點。

第四節　鍾嶸「詩味」論的再檢討

　　前文曾説，從總體上講，在六朝的文藝理論批評論著中，提出許多不同的「藝味」説的觀點；但「味」只是其主要範疇或次要範疇，並且基本上沒有作為構成一種論著的理論體系的中心範疇出現，陸機《文賦》是如此，《文心雕龍》和《詩品》也是如此。有些研究《詩品》的論著中，把鍾嶸提出的「滋味」説作為其詩學理論批評的中心來看待，明顯是一種「過度的詮釋」。

　　從上述這個角度説，筆者是贊同日本學者清水凱夫在《〈詩品〉是否以「滋味説」為中心──對近年來中國〈詩品〉研究的商榷》（以下簡稱《商榷》）一文中提出的有關觀點的[32]，如其認為：「鍾嶸在實際評詩時，確實採用了『詩味』的概念，必須研究明白他是用什麼語言形式表述『詩味』的和怎樣認識『詩味』的問題。又，從《詩品》中『詩味』的概唸給唐司空圖的『辨味説』、宋嚴羽的『別趣説』、清王士禎的『神韻説』、王國維的『境界説』等以影響這一文學史上的爭論點來説，也有必須先明確『詩味』的真實情況。在這一點上，像日本和韓國的研究那樣全然不提及『詩味』的姿態，作為《詩品》研究顯然是非常不夠的。與此相反，中國的《詩品》研究雖然有點走過了頭，作出鍾嶸建立了以『滋味説』為中心的理論的結論，但畢竟認真地實踐了『滋味』乃至『詩味』的研究。」這些論述是基本符合事實的。不過該文也有許多論述和對中國《詩品》研究的評價是不客觀的，例如除了刻意稱讚少數論著外，僅以有關論著對鍾嶸「詩味」論作了「過度」的論述，就基本否定中國一九八〇年以來（至《商榷》文發表為止）的《詩品》研究成績，本身就不是實事求是的態度，對此可置不論；

32　載《文學遺產》1993年第4期。

另外，《商榷》一文批評不少論文存在一種重複研究的傾向，這也是十分正確的批評，對此暫亦不論。

從邏輯論證的方法出發，《商榷》一文對六朝「藝味」說形成的原因和鍾嶸以前許多關於「味」的語詞和術語、概念乃至美學範疇的考察分析，就是鍾嶸提出「詩味」論的大前提；而鍾嶸《詩品》中具體用「味」「滋味」的概念來對詩歌進行品評，就是其「詩味」論的小前提和論證過程；而結論呢，就是鍾嶸對五言詩的品評，提出了「詩味」論，並且具有他自己的獨特美學內涵。對這種美學內涵，研究者完全可以有自己的不同的分析，但應該盡量符合鍾嶸的原意，這也是無疑的。《詩品》關於「詩味」的直接論述如下[33]：

爾後陵遲衰微，迄於有晉。太康中，三張、二陸、兩潘、一左，勃爾復興，踵武前王，風流未沫，亦文章之中興也。永嘉時，貴黃、老，稍尚虛談。於時篇什，理過其辭，淡乎寡味。爰及江表，微波尚傳，孫綽、許詢、桓、庾諸公詩，皆平典似《道德論》，建安風力盡矣。（〈詩品序〉）

夫四言，文約意廣[34]，取效《風》《騷》，便可多得。每苦文繁而意

---

33 本書所引鍾嶸《詩品》語，均據呂德申：《鍾嶸詩品校釋》，北京大學出版社1986年版。

34 呂德申《鍾嶸詩品校釋》校「文約意廣」為「文約易廣」，曰：「『易』，本傳、廣牘本、四庫本、學津本、珠叢本、玉雞苗館本、全梁文本、集成本、歷代本作『意』。」還有一些校釋者和研究者也認為「意」當作「易」。這是由於他們都認為作「文約意廣」與後面的「文繁而意少」相矛盾，於是採納一些版本的「孤證」來校改。筆者感到奇怪，先不說版本依據不足，僅就如此校改之後的文意而言，也不通暢。其實，原句是非常通順的。鍾嶸的意思是說：四言詩像《詩》《騷》等都是「文約意廣」的，文字簡約而含義豐富，從《詩經》中可以隨便舉出例證；而現在學習寫四言詩做不到「文約意廣」，反而常常「文繁而意少」，時代發展了，語言也發展了，模仿《詩經》

少，故世罕習焉。五言居文詞之要，是眾作之有滋味者也，故云會於流俗。豈不以指事造形，窮情寫物，最為詳切者耶？故詩有三義焉：一曰興，二曰比，三曰賦。文已盡而意有餘，興也；因物喻志，比也；直書其事，寓言寫物，賦也。宏斯三義，酌而用之，幹之以風力，潤之以丹彩，使味之者無極，聞之者動心，是詩之至也。若專用比興，患在意深，意深則詞躓。若但用賦體，患在意浮，意浮則文散，嬉成流移，文無止泊，有蕪漫之累矣。（〈詩品序〉）

其源出於王粲。文體華淨，少病累。又巧構形似之言，雄於潘岳，靡於太沖。風流調達，實曠代之高手，詞彩蔥蒨，音韻鏗鏘，使人味之，亹亹不倦。（《詩品》〈上品〉〈晉黃門郎張協詩〉）

祖襲魏文。善為古語，指事殷勤，雅意深篤，得詩人激刺之旨。至於「濟濟今日所」，華靡可諷味焉。（《詩品》〈中品〉〈魏侍中應璩詩〉）

這裡結合上引材料中的有關問題以及《商榷》一文的質疑，對鍾嶸「詩味」論作如下幾點簡要的分析，但由於篇幅的限制，很難作詳細的論述與考釋。

第一，上引材料中，有兩處是出自〈詩品序〉，有兩處出自鍾嶸對詩人詩作的具體品評中，其中「寡味」「滋味」是名詞性的術語，如前所論，大體相當於「美感」這一現代美學範疇的含義；而「味」「諷味」是動詞性的術語，大體相當於「審美」這一美學範疇的含義。可見，「味」是鍾嶸品評五言詩的一個重要範疇（也是一個美學範疇），

時代的四言體就會「苦」而無功，所以「世罕習焉」。故六朝詩人基本棄「四言」而用「五言」。

所以否定鍾嶸《詩品》提出了「詩味」論，無疑是錯誤的觀點。稍早於鍾嶸《詩品》的《文心雕龍》就已經較多地使用「味」作為美學範疇，並且提出許多十分有價值的觀點；稍晚於鍾嶸《詩品》的《顏氏家訓》〈文章〉篇也用「味」「滋味」來品評詩歌和文章。上文已經作了分析，這些都可以用來與《詩品》中的「味」論，進行互相參證。

第二，鍾嶸說：「五言居文詞之要，是眾作之有滋味者也。豈不以指事造形，窮情寫物，最為詳切者耶？」由這兩句話出發，就認為詩要有「滋味」，是《詩品》的創作原則和批評原則，甚至認為是《詩品》理論之中心，這確是一種「過度的詮釋」。所以《商榷》一文要求回答鍾嶸論「滋味」的表述方式問題，即鍾嶸是怎樣直接論述詩的「滋味」應該如何如何的問題。我認為也正是在這個問題上，說明《商榷》一文作者對《詩品》這段「古文」的理解能力是有一點問題的。當然，決不是要由此來苛責於他。《商榷》一文解釋上引鍾嶸這兩句話說：「不外乎是說五言詩之所以居『文辭』的重要地位，是眾作中有『滋味』者，終於會於『流俗』，是因為它在『指事造形，窮情寫物』方面具備最適當的條件，亦即說為什麼五言詩能居於『文辭』的重要地位，是眾作中有『滋味』者的理由，決不是直接說明詩的『滋味』本身。」又認為，從《詩品》所論，看不出「滋味」反映了鍾嶸的詩歌美學理想，其一再反覆強調的就是，如果《詩品》是企圖建立以「滋味」為中心的創作原理或批評理論，就必須從實證角度，從邏輯分析的角度，說明鍾嶸如此立論的前提，《商榷》一文說：「『指事造形，窮情寫物』是說『滋味』的特徵——既然作這樣的解釋，就必須首先從《詩品》的總體上歸納出鍾嶸是怎樣具體認識『滋味』的，明確說明這一認識與『指事造形，窮情寫物』之間的關係，也就是說鍾嶸是如何認為通過準確地描繪事物的狀貌就能創作出有滋味的詩來和借描繪事物抒情

會構成什麼樣的詩味，必須回答這樣兩個問題。」其實，中國古代的文論，除《文心雕龍》等少數論著外，大多數在表述方式上，是明顯與西方論著詳細界定自己提出的理論範疇並明確以這些範疇來建構其理論體系不同的，而是常常對概念不加界定的，特別是鍾嶸《詩品》以及後代的詩話等著作，但並不等於說這些術語、概念之間就沒有聯繫，就沒有潛在的理論批評的「中心思想」，也不等於說就完全對所使用的術語、概念沒有解說，實質上中國古代的文論對所使用的主要概念、範疇，之所以形成自己的特色，其中一個重要原因，就在於只有「解說」（而且多為比喻、象徵、描述性的解釋）而沒有嚴格的邏輯界定，這種「解說」有時只是包含在文中的有關論說之中，而不是一種直接的針對性的「解說」。因為中國古人有一種普遍的觀念，就是不要畫地為牢、死於言下。

《商榷》一文指出，所謂「五言居文詞之要，是眾作之有滋味者也」云云，是說五言詩為何能夠「會於流俗」的問題，而不是直接說明詩的「滋味」本身的問題，這種理解本是不錯的。但問題在於鍾嶸這段話（從「夫四言」至「有蕪漫之累矣」）是一段整體論述，不能任意加以分割的。從邏輯和文脈上講，既然四言詩的寫作「每苦文繁而意少，故世罕習焉」，而五言詩有「滋味」（就是美味，在此指五言詩有獨特的美感，所以我們一般稱之為「詩味」），故「云會於流俗」[35]，那麼，下文鍾嶸用了一個「豈」（難道）來表明自己對前文所述事實作原因之分析：「豈不以指事造形，窮情寫物，最為詳切者耶？」再接

35　呂德申《鍾嶸詩品校釋》曰：「這是關於詩歌形式發展的一種進步觀點。當時另有一種以四言詩為詩歌正宗的觀點。摯虞《文章流別論》：『古詩率以四言為體，……（五言）於俳諧倡樂多用之。……然則雅音之韻，四言為正；其餘雖備曲折之體，而非音之正也。』（下又舉《文心雕龍》〈明詩〉例證，略）」

著，鍾嶸用一個「故」（因此）字來連接作了進一步分析，主要說明的
有三層意思：第一，詩要用「賦比興」的「三義」之方法，鍾嶸在此
明顯對「興」最為看重，放在論述的首位，與以前如《毛詩序》「風賦
比興雅頌」所謂「六義」的排列方式不同，並與鄭玄等人解釋不同；
第二，說明「三義」的使用方法，應該「酌而用之」，做到「幹之以風
力，潤之以丹彩」，使鑑賞者（從藝術效果方面講）能夠「味之者無
極，聞之者動心」，達到這一高度，就是「詩之至也」；第三，再接著
用兩個「若」字，表示如果不「酌而用之」的相反情況，實際上也是
進一步的分析，這就是「若專用比興，患在意深」，而「若但用賦體，
患在意浮」。正是在這段論述中，鍾嶸初步涉及後代詩論家提出的「意
境」問題，說鍾嶸「詩味」論對後代司空圖「辨味」說、嚴羽「別趣」
說乃至王國維「境界」說有影響關係或者說前後繼承關係，正是從這
個角度說的。除了要特別注意「豈」和「故」的連接詞外（表明其間
層層深入，逐步分析論述的邏輯關係），還要重視這個「味之」和「詩
之至也」兩句話。

　　可以這樣明確地說明：鍾嶸既然指出「眾作中有滋味」（不同於四
言詩）的五言詩，終於隨著時代的發展和創作實踐的需要勝過「四言
詩」，而成為世俗之普遍採用的詩歌創作的體制形式，那麼他接著對五
言詩的創作原則（「指事造形，窮情寫物」的「詳切」，以及〈詩品序〉
下文提到的「目擊」「直尋」等）、表現手法（興、比、賦）乃至作品
整體審美特點「風力」與「丹彩」相結合以及〈詩品序〉下文提及的
「自然英旨」、自然的「聲韻」等）的論述，就是說明如何能夠、應該
怎樣創作五言詩，最終達到「詩之至」，讓人「味之者無極」的問
題。──「味」什麼？「味」如此創作出來的五言詩的美，也就是五
言詩的「滋味」。「詩之至」的特點是什麼？就是「無極」──令人審

美、品味它時，有咀嚼不盡的「滋味」；就是「動心」──令人讀後和聽後，深深地被打動，激發出情感的共鳴。鍾嶸雖沒有給什麼是「五言詩」的「滋味」下定義和直接說明，但有「滋味」的五言詩，也就是有不同於四言詩美感的五言詩，有美感的五言詩如何創作、如何表現、達到何種「境地」才好，這與五言詩終於成為「眾作之有滋味者」的「滋味」之間，存在著必然的邏輯關係。鍾嶸正是通過這樣的論述，也內在地說明了如何創造乃至品鑑五言詩的「滋味」（美感）問題。

鍾嶸告訴人們：當時的詩人寫詩，由於時代的發展，語言的發展，詩人們深感寫四言詩「文繁而意少」，五言詩（當然劣作除外）是有「滋味」的，又告訴人們優秀的五言詩應該如何創作，如何運用「興、比、賦」的方法，主張「風力」與「丹彩」要結合起來，這樣才能令人「味之者無極，聞之者動心」，而不是像玄言詩那樣，雖是五言詩，卻是「理過其辭，淡乎寡味」（言情不足而詞采也平淡玄虛）的，又在具體品評中，說明張協、應璩等人的詩作就是有「味」（滋味）的，如表現在抒情、狀物和詞采、音韻等方面。難道這之間沒有密切的邏輯聯繫？難道沒有對「眾作之有滋味者」的五言詩的「滋味」作出解說？進行科學研究，當然要以材料說話，當然要提倡實證的學風，但我們研究的是「古代的文論」，就需要我們既要有「古文」的閱讀能力，又要有理論的思辨能力。

中國古代文論與現代文論不同，並沒有現代文藝學那種把本質論、作品及體制論、創作論、風格論、鑑賞論、批評論等進行條割分析的傳統，而是常常結合在一起進行論述的，我們現代研究者總是從分析的角度對古代文論的這種「整體性」進行解剖，在這個解剖過程中，時常會出現「削足適履」的弊端，但我們也決不能回到「以古解古」的老路上去，這是時代的需要，也是科學研究的要求。上面的分

析，也就是不少論者聯繫創作原則和批評標準而把鍾嶸的「滋味」說視為《詩品》理論中心的原因，這是筆者不能完全同意的，用「滋味」說來統率《詩品》，與《詩品》理論批評內容的實際並不符合，也容易造成簡單化的理解。但這也並不等於就不能、不應該從這些方面來理解鍾嶸的「滋味」說。早在夏侯湛的《張平子碑》中，其品評張衡「巡狩諧頌」和《二京》《南都》等賦，就說「與雅頌爭流，英英乎其有味歟」，接著說「若又造事屬辭，因物興□，下筆流藻，潛思發義，文無擇辭，言必華麗，自屬文之士，未有如先生之善選言者也」，如果不聯繫「造事屬辭」下一段論述，或者夏侯湛就不作這些論述，那麼就無法瞭解其「味」的美學內涵。這種表述方法和鍾嶸正相類似。

　　順便說明一下，「賦、比、興」的「賦」，歷代的解說，多以為「賦者，鋪也」，是鋪敘的方法；「比」是比喻的意思，爭論不大。可是關於「興」的解釋差異就相當地大了，鄭玄《周禮》〈大師〉注曰：「興，見今之美，嫌於媚諛，取善事以喻勸之。」（《十三經註疏》本）把「興」與「美刺」說聯繫起來，這正是漢儒說《詩》的特點；何晏《論語集釋》引孔安國說：「興，引譬連類」（《諸子集成》本），開始注意到「詩」（《詩經》）的藝術表現特徵；而鍾嶸說：「文已盡而意有餘，興也」，這與六朝時期藝術理論批評家較為普遍地關注「言」「意」關係、主張「言不盡意」的觀點密切相關，進一步認識到詩歌藝術的創作表現的含蓄不盡、以少總多的特點。其後唐朝的皎然在《詩式》〈用事〉中說：「取象曰比，取義曰興，義即像下之意。凡禽魚草木人物名數，萬象之中義類同者，盡入比興，《關雎》即其義也。」皎然的這一論述，明顯與唐代詩論家的「意象」論、「意境」論有關。中國古代文藝理論批評中的「味」論，也正是在不同時代的藝術觀念的發展中而演變發展的；研究「味」的美學範疇的含義，實質就是研究「味」的

觀念（美的觀念）的發展演變的歷史。

　　第三，關於鍾嶸《詩品》品評標準問題。從上面對鍾嶸這段（從「夫四言」至「有蕪漫之累矣」）論述的分析中，可以看到鍾嶸已經點明了他的主要品評標準，表現在「風力」「丹彩」，有「情」「詳切」之描寫，「文已盡而意有餘」等方面。業師梅運生先生曾說明：考察鍾嶸《詩品》的批評標準，除了要研讀〈詩品序〉外，要特別重視從鍾嶸對「上品」詩人的品評中去歸納，因為「上品」是鍾嶸最稱讚的詩人，其中可以曹植為代表，這在其《鍾嶸和詩品》一書中有詳細的論述[36]。〈詩品序〉曰：「故知陳思為建安之傑，公幹、仲宣為輔。陸機為太康之英，安仁、景陽為輔。謝客為元嘉之雄，顏延年為輔。斯皆五言之冠冕，文詞之命世也。」鍾嶸是如何品評曹植的詩歌的呢？他說：「骨氣奇高，詞采華茂，情兼《雅》怨，體被文質，粲溢今古，卓爾不群。」這其中的「骨氣」（風力）、華茂的「詞采」「情」（特別是哀怨的真情）、有機統一的「文質」等，也是其用來品評所有詩人的標準，這些方面的不足的詩人，均被置於「中品」（如陶淵明等）或「下品」（如曹操等），這與其後乃至今天的文學史標準是有所不同的，後人對鍾嶸三品所排列的順序有很多批評意見，對此暫亦不論。在此要討論的是「情」及「采」與「味」的關係問題，分析鍾嶸批評玄言詩「淡乎寡味」中的「味」的含義。

　　《商榷》一文還認為：「鍾嶸在《詩品》中並未直接提及這個『怨』的審美標準和『詩味』的關係，因此談論兩者的關係時，必須明確指出在《詩品》的什麼地方和以什麼形式潛在著這種關係。只要對〈詩品序〉本身稍加仔細考察就會明白，鍾嶸要強烈批判和矯正的不是『玄

36　梅運生：《鍾嶸和詩品》，上海古籍出版社1982年版。

言詩」，而是笑曹植、劉楨為『古拙』、師鮑照、謝靈運為楷模的『輕薄之徒』及過分拘泥典故、聲韻的任昉、沈約一派。看一下《南齊書》《梁書》《文心雕龍》也會知道這樣一個明顯的事實：在齊落。」這些論述本身沒有問題，也不是新見，而且從其所論中，說明《商榷》一文作者沒有明白鍾嶸的「詩味」論與其批評玄言詩「淡乎寡味」的關係，或者說有所誤解。固然鍾嶸批評玄言詩「理過其辭，淡乎寡味」，「皆平典似《道德論》，建安風力盡矣」，是在論述詩歌發展史時提及的，齊梁詩壇也確實是玄言詩已經衰落的時期，但不等於說這種批評就與「詩味」論無關，就不存在所批評的問題。什麼問題呢？這就是「情」和「理」、「情」和「采」的關係問題，這是帶有普遍性的理論問題，在鍾嶸之前抑或在其後，都在創作中一再地出現，而且文藝理論批評家一再地反覆強調幾乎跟鍾嶸觀點差不多相同的觀點。詩不僅和《道德論》不同，也和歷史著作、學術著作、實用的章表奏疏等不同。鍾嶸在〈詩品序〉中說：

　　若乃經國文符，應資博古；撰德駁奏，宜窮往烈。至乎吟詠情梁詩壇上盛行謝靈運派、應璩派（古體派）、鮑照派（永明體）等，而流行於東晉的『玄言詩』已經衰性，亦何貴於用事？「思君如流水」，既是即目；「高台多悲風」，亦惟所見；「清晨登隴首」，羌無故實；「明月照積雪」，詎出經史？觀古今勝語，多非補假，皆由直尋。顏延、謝莊，尤為繁密，於時化之。故大明、泰始中，文章殆同書鈔。近任昉、王元長等，詞不貴奇，競須新事，爾來作者，浸以成俗。遂乃句無虛語，語無虛字，拘攣補衲，蠹文已甚。但自然英旨，罕值其人。詞既失高，則宜加事義，雖謝天才，且表學問，亦一理乎！

這裡就是對齊梁當時文壇詩歌創作弊端的批評，這些弊端與玄言詩的弊端有一個相同之處，就是不重視詩歌的「吟詠情性」的審美特性。鍾嶸說的「理過其辭，淡乎寡味」與劉勰說的「繁采寡情，味之必厭」（《文心雕龍》〈情采〉），其要說明的道理是一樣的，劉勰就不是專門針對玄言詩來立論的。前文已經指出：「情」和「采」是構成作品的主要因素，而有真「情」（屬於思想內容）和華「采」（指語言形式）也是鍾嶸的批評標準。這個「情」，就一般意義上講，主要就是指真情實感，只不過鍾嶸講「情」，更為強調鬱怨之「情」，並不是說鍾嶸只認為「怨情」才有「味」。《商榷》一文認為別人有這種理解，其實是該文作者自己的誤解。鍾嶸說得很清楚：如果把詩歌當作《道德論》（即像《老子》這種哲學著作）一樣來寫作，大談玄理（其實謝靈運的山水詩仍有這種情況的存在），而不重視抒情，而且語言也質淡無文，就是「寡味」之作；同樣「雖謝天才，且表學問」，多用典故，不講「直尋」的詩作，同樣也是「寡味」的，因為這都是與「吟詠情性」「詩緣情」而發的詩歌本質的審美特性背道而馳的。從這些批評出發，更能說明要分析鍾嶸的「詩味」論的美學內涵，正需要聯繫其所謂五言詩是「以指事造形，窮情寫物，最為詳切」，以及「宏斯三義，酌而用之，干之以風力，潤之以丹彩，使味之者無極，聞之者動心，是詩之至也」等論述來分析。如果既不談五言詩的創作原則與表現，也不討論鍾嶸是如何論述五言詩的「情」「采」等問題，更不分析鍾嶸將「味」作為動詞來使用的具體內涵（即相當於品嚐食物滋味之美一樣的審美活動），那麼，鍾嶸認為的玄言詩「淡乎寡味」、五言詩是「眾作之有滋味者」中的「味」字，即使作為一個普通語詞來看待，也變得毫無其「能指」和「所指」，那真是咄咄怪事。《商榷》一文承認鍾嶸提出了「詩味」的概念，那麼，請問這種「詩味」概念的內涵是什麼？

又應該如何分析？《商榷》一文刻意稱讚某論文否定鍾嶸提出「詩味」概念，這與作者又認為鍾嶸提出了「詩味」概念之間，明顯是一種自相矛盾。並非一定要對《商榷》一文進行反「商榷」，而是必須對《商榷》一文提出的問題進行「檢討」，因為現在要討論的「論題」不能不對其提出的問題作出「檢討」和回答，而且這些問題如果不加分析說明，問題就會永遠存在，難免對以後《詩品》的讀者和研究者造成誤解。所謂「豈好辯者，不得已也」。

　　第四，從鍾嶸對張協和應璩的具體品評中，可以進一步補充論證上文的分析。鍾嶸認為張協的詩歌「使人味之，亹亹不倦」，是有「詩味」的五言詩，為什麼呢？就是因為：第一，「文體華淨，少病累」；第二，「巧構形似之言」，而且「詞彩蔥蒨」，即能夠做到「詳切」的描寫，藝術語言比較華茂；第三「音韻鏗鏘」，有聲韻之美。由於張協的詩有這三點長處，所以列為「上品」。鍾嶸認為應璩的詩歌：「祖襲魏文。善為古語，指事殷勤，雅意深篤，得詩人激刺之旨。」實質這也說明了之所以要將應璩列在「中品」，就是因為應璩的詩不像曹植的詩那樣「骨氣奇高，詞采華茂」，而是「善為古語」，言語樸質。但為何不列在「下品」呢？除了鍾嶸也非常重視詩歌的雅怨及其諷喻現實的思想內容之原因外，還因為應璩有些類似於古詩的詩歌是有「詩味」的，語言也是有文采的，鍾嶸說：「至於『濟濟今日所』，華靡可諷味焉。」應璩的大多數詩歌包括這首「濟濟今日所」的作品，早就已經散佚不存，我們很難進行具體考證，但鍾嶸的意思仍然是非常明白的。宋葉夢得《石林詩話》卷下云：

　　《文選》載其《百一詩》一篇，所謂「下流不容處，君子慎厥初」者，與陶詩了不相類。……淵明詩正以脫略世故，超然物外為意，顧

區區在位者何足累其心哉？且此老何嘗有意欲以詩自名，而追取一人而模仿之，此乃當時文士與世進競進而爭長者所為，何期此老之淺，蓋嶸之陋也。

鍾嶸說陶淵明的詩歌「其源出於應璩，又協左思風力。文體省淨，殆無長語。篤意真古，辭興婉愜。每觀其文，想其人德。世嘆其質直。至如『歡言醉春酒』『日暮天無云』，風華清靡，豈直為田家語邪？古今隱逸詩人之宗也」。葉夢得僅據應璩的《百一詩》，對鍾嶸作出批評，是不全面的，除了應璩「善為古語」，與陶淵明「篤意真古」「世嘆其質直」有相同之處外，可能應璩的「濟濟今日所」這樣的「華靡可諷味焉」的五言詩，與陶淵明的詩歌更為類似，何況鍾嶸還明確說陶詩「又協左思風力」呢？

《詩品》對後代影響是多方面的，並不僅僅侷限於「詩味」論，自不待言。如清袁枚《隨園詩話》卷五云：「天涯有客號詅痴[37]，誤把抄書當作詩。抄到鍾嶸《詩品》日，該他知道性靈時。」王士禎《漁洋詩話》卷下云：「鍾嶸《詩品》，余少時深喜之，今始知其踳謬不少。」說明《詩品》中的如「直尋」、崇尚「自然」等觀點（與其「詩味」論有密切聯繫）對「性靈」說、「神韻」說，是有影響的。王士禎的批評主要是針對詩人的「三品」排序不當的問題而言的。

一言以蔽之，鍾嶸「詩味」論的主要美學內涵，就是指詩歌（五言詩）要語言華美，音韻調暢，寫景狀物真切自然，抒發感情真實感人，而且要有骨力，少用或不用典故，不要抽象的說理，從而令人讀

37　《顏氏家訓》〈文章〉：「吾見世人，至無才思，自謂清華，流布丑拙，亦以眾矣，江南號為詅痴符。」

後能夠「動情」，產生美的快感——這種美的快感，就是鍾嶸所説的「滋味」。

第五節　書法「韻味」論的提出

中國的書法藝術，可謂是世界上各種門類藝術中的非常獨特的一種類別，其歷史源遠流長。隨著書法藝術的不斷髮展，也同時產生了大量的內容異常豐富而精深的書法理論批評論著。六朝是我國書法理論批評的第一個高峰時期，產生不少的書論著作，提出了許多具有開創性的書法美學命題，而「味」這一美學範疇，亦開始被運用到書法理論批評之中。

縱觀我國古代書法理論批評中的「味」論，主要在於提出了「韻味」説。近代著名改良運動領袖也是著名書法家康有為（1858-1927），撰有《廣藝舟雙楫》，在書學上提出「尊碑」「卑唐」的口號，其主旨在於提倡碑版，反對帖學，該書特別重視對六朝諸碑的研究，分析其演變源流。其《購碑第三》中曾説：「去唐碑，去散隸，去六朝造像記，則六朝所存碑銘不過百餘，兼以秦、漢分書佳者數十本，通不過二百餘種。必盡求之，會通其源流，浸淫於心目，擇吾所愛好者臨之，厭則去之。臨寫既多，變化無窮，方圓操縱，融洽自成，體裁韻味，必可絕俗，學者固可自得也。」其所謂「體裁韻味」的「韻味」這一概念是由來已久的，它較早見於齊梁時代袁昂的《古今書評》中（即其品評殷鈞的書法所謂「滋韻終乏精味」）。因此，本節通過對《古今書評》「滋韻終乏精味」句的辨析，集中分析袁昂關於書法「韻味」説的具體美學內涵。

一、六朝書法理論批評中的「韻味」説的提出與人物品評、「清談」

風氣的關係

從東漢後期至南北朝，出現了不少書法論著，書法批評是十分繁盛的。東漢後期主要有趙壹《非草書》，蔡邕《筆論》《九勢》等，晉代有成公綏《隸書體》，衛恆《四體書勢》，索靖《草書勢》，傳為衛夫人（衛鑠）所撰的《筆陣圖》和王羲之所撰的《書論》《筆勢論》等，南朝有羊欣《采古來能書人名》，虞和《論書表》，王僧虔《論書》與《筆意贊》，袁昂《古今書評》，庾肩吾《書品》以及蕭衍《觀鍾繇書法十二意》《草書論》與《答陶隱居論書》等。中晚唐以前的書法論著，多被唐代張彥遠收到《法書要錄》一書，也基本上收入今人所編的《歷代書法論文選》[38]中。從這些書法論著看，如果説趙壹的《非草書》還是站在「實用」角度看問題的話，那麼自蔡邕的《筆論》等開始，已經自覺把書法作為一門獨立的藝術來進行審美品鑑和研究，從中我們既能看到書法作為一門「藝術專科」的長足發展，也能看到這些書法論著多數出自書法家之手，他們的思想意識和審美品鑑的方法，受到當時玄佛思想和人物品評、「清談」風氣的深刻影響，並且注重書法藝術本身規律的探討，由此建立起一套書法批評的法則。

以「味」論「書」，最早見於王羲之（321-379）的《書論》，其論「書」之緩急時説：「每書欲十遲五急，十曲五直，十藏五出，十起五伏，方可謂書。若直筆急牽裹，此暫視似書，久味無力。」但這裡所謂「久味無力」的「味」，乃為動詞，是品鑑體會的意思。而「韻味」説的明確提出，較早見於南朝齊梁時期書法家袁昂的《古今書評》。袁昂（461-540），字千里，齊梁時陳郡陽夏人，於齊曾為太子舍人、王儉功

38　上海書畫出版社、華東師範大學古籍整理研究室選編：《歷代書法論文選》（上下冊），上海書畫出版社1979年版。本書引用古代書法論著的原文，均見於該書。同時參引張彥遠《法書要錄》，洪丕模點校，上海書畫出版社1986年版。

曹、吳興太守等職，入梁為臨川王參軍、尚書令、加特進左光祿大夫。年八十，卒於梁大同六年。《全梁文》卷四十八輯錄其文，其中有輯自《太平御覽》卷七百四十八的《古今書評》，又收錄輯自《淳化閣帖》的《評書》，二書或當為一書，但其品評的書法家的人數有不同，品評的文字也有差異，問題比較複雜，限於篇幅不再細考。特別要説明的是，張彥遠《法書要錄》本《古今書評》曰：「殷鈞書，如高麗使人，抗浪甚有意氣，滋韻終乏精味。」而《太平御覽》本《古今書評》則作：「殷鈞書，如高麗使人，抗浪甚有意氣，滋韻終不精味。」《淳化閣帖》《評書》又作：「殷鈞書，如高麗人抗浪，乃不有意氣，而姿顏自足精味。」這其中「不有意氣」和「甚有意氣」，意思則相反；而「自足精味」與「終乏精味」或「終不精味」的意思也相反。這裡以張彥遠《法書要錄》本為據，通過下文的辨析、考論，也可以説明袁昂的原意一定是説殷鈞書法的「滋韻」之中的「精味」不足。

據袁昂在其書末的自述，《古今書評》一書完成於梁普通四年（523），乃奉梁武帝敕而撰，梁武帝蕭衍閱後，贊同作者所評：「敕旨：具之，如卿所評。」在其所評二十五人中，論殷鈞（475-523）書所謂「滋韻終乏精味」，這裡講的終乏「精味」（這一範疇也見於《文心雕龍》，詳上），就是指書法作品的「韻」味不足，換句話説，就是運用「意象」化批評的方法，説明殷鈞的書法缺乏「韻味」。這種「意象」化批評方法，與觀物取象的漢字「象形」特點有密切聯繫，正如宗白華先生在《中國書法裡的美學思想》一文中説：「中國人寫的字，能夠成為藝術品，有兩個主要因素：一是由於中國字的起始是象形的，二是中國人用的筆。」[39]要瞭解袁昂這一「韻味」説的具體內涵，

39　宗白華：《藝境》，北京大學出版社1987年版，第280頁。

還需要下一番考辨分析的功夫。

如前所説，六朝時期的「藝味」説，受到當時人物品評、清談風氣的影響。魏晉品評人物，重視人物的外在形貌和內在風神的統一，其目的在於鑑別出人物的才性氣質，較為普遍崇尚清癯的身姿風貌，認為這是有「風骨」「風韻」的體現，而不喜肥壯之態。略舉《世説新語》所載（引文均仍據余嘉錫《世説新語箋疏》，「按語」為筆者所加），如：

王右軍目陳玄伯：「壘塊有正骨」。（〈賞譽〉）

時人道阮思曠：「骨氣不及右軍，簡秀不如真長，韶潤不如仲祖，思致不如淵源，而兼有諸人之美。」（〈品藻〉）

蔡叔子云：「韓康伯雖無骨幹，然亦膚立。」（〈品藻〉）

舊目韓康伯：將肘（引者按：肥壯之肘的意思）無風骨。（〈輕詆〉）

關於上引最後兩則，余嘉錫先生案曰：「康伯為人肥壯，故《輕詆篇》注引范啟云：『韓康伯似肉鴨。』此言其見於外者亦足自立也。」[40]可見其時品人，不喜肥壯的風態。在書法批評上，衛夫人《筆陣圖》所謂「多骨微肉者謂之筋書，多肉微骨者謂之墨豬」，這是講的是書法的「風骨」美，斥用筆「肉」（「肥」墨）多而無「骨」力者，謂「墨豬」，猶如嘲人為「肉鴨」也。劉勰《文心雕龍》〈風骨〉云：「夫翬翟備色，而翾翥百步，肌豐而力沉也；鷹隼乏采而翰飛戾天，骨勁而氣猛也。文章才力，有似於此。若風骨乏采，則鷙集翰林；采乏風骨，

---

40 《世説新語箋疏》，第533頁。

則雉竄文囿：唯藻耀而高翔，固文章之鳴鳳也。」這是講詩文的「風骨」美。品鑑人物重視風骨、氣韻（風韻），因此詩文、書畫、音樂等，就講究體現這種風骨、氣韻，重視清拔秀麗之美的追求，並將之視為超越塵俗的「精神」與「情趣」的表現。仍舉《世說新語》所載來略加說明，如：

　　謝太傅（按：謝安）語王右軍曰：「中年喪於哀樂，與親友別，輒作數日惡。」王曰：「年在桑榆，自然至此，正賴絲竹陶寫，恆恐兒輩覺，損欣樂之趣。」（〈言語〉）

　　孫興公（按：孫綽）為庾公（按：庾亮）參軍，共游白石山，衛君長（按：衛永）在坐。孫曰：「此子神情都不關山水，而能作文。」庾公曰：「衛風韻雖不及卿諸人，傾倒處亦不近。」孫遂沐浴此言。（〈賞譽〉）

　　戴安道中年畫行像甚精妙。庾道季看之，語戴云：「神明太俗，由卿世情未盡。」戴云：「唯務光（按：夏時隱士）當免卿此語耳。」（〈巧藝〉）

　　阮渾長成，風氣韻度似父，亦欲作達（下略）。（〈任誕〉）

　　人物品評與清談風氣是緊密聯繫在一起的，雖然形貌不「雅」但才辯過人，也同樣會得到士人的賞譽，如上面提到的韓康伯就是例子；如果形貌不俗但談辯鈍拙，也不會得到讚美。因此士人們包括高僧們普遍追求對「玄理」的「精解」，鑽研「三玄」（《莊子》《老子》和《周易》）之書、一些流行的佛經（如注《辨空經》的《大品》《小品》）和著名的玄談「命題」（如「聲無哀樂論」「養生論」「言意論」「才性

論」等[41]）的妙理，所謂「味」「趣」「韻」這些術語，就是在這種背景下產生的，後來被運用到詩文、書畫藝術的理論批評之中。士人們常常為某一道著名「命題」等進行往復辯難，得「理」者「意氣」風發，言「精」者怡然自得。再略舉幾則《世説新語》中關於辨析玄理（後期也包括佛理）、追求「精核」辯難的記載，其中特別注意選擇描述那些「抗浪意氣」者的例證。如：

《莊子》〈逍遙篇〉，舊是難處，諸名賢所可鑽味，而不能拔理於郭、向之外。支道林在白馬寺中，將馮太常共語，因及〈逍遙〉。支卓然標新理於二家之表，立異義於眾賢之外，皆是諸名賢尋味之所不得。後遂用支理。（〈文學〉）

支道林（按：支遁）、許（按：許詢）、謝（按：謝安）盛德，共集王家，謝顧諸人曰：「今日可謂彥會，時既不可留，此集固亦難常，當共言詠，以寫其懷。」許便問主人：「有《莊子》不？」正得《漁父》一篇。謝看題，便各使四坐通。……謝後粗難，因自敘其意，作萬餘語，才峰秀逸，既自難乾，加意氣凝托，蕭然自得，四坐莫不厭心……（〈文學〉）

有北來道人好才理，與林公（按：支道林）相遇於瓦官寺，講《小品》。於時竺法深、孫興公悉共聽。此道人語，屢設疑難，林公辯答清析，辭氣俱爽。此道人每輒摧屈……（〈文學〉）

殷中軍（按：殷浩）讀《小品》，下二百籤，皆是精微，世之幽滯。嘗欲與支道林辯之，竟不得。（〈文學〉）

---

41 《世説新語》〈文學第四〉載：「舊云，王丞相過江左，止道聲無哀樂、養生、言盡意三理而已。然宛轉關生，無所不入。」

　　孫安國往殷中軍許共論，往反精苦，客主無間。左右進食，冷而復暖者數四。彼我奮擲麈尾，悉脫落，滿餐飯中。賓主遂至莫忘食。殷乃語孫曰：「卿莫作強口馬，我當穿卿鼻！」孫曰：「卿不見決牛鼻，人當穿卿頰！」（〈文學〉）

　　殷中軍雖思慮通長，然於《才性》偏精。忽言及《四本》，便若湯池鐵城，無可攻之勢。（〈文學〉）

　　殷仲堪精核玄論，人謂莫不研究。殷乃嘆曰：「使我解《四本》，談不翅爾。」（〈文學〉）

　　上舉七則中，從前五則記載中，可以說明當時士人對《莊子》和佛經玄理的「研味」以及其辯難之時的「意氣」神情，後二則反映了人們對「才性」之離同異合這一難題的鑽研情況。前文曾論說了六朝時期人物品評和佛經翻譯中，較多地使用「味」以及相關範疇，這是六朝文藝批評中「味」的範疇群得以形成的具體原因之一，如《世說新語》〈棲逸第十八〉記載「康僧淵在豫章」條事（前文已引證），說他「閒居研講，希心理味」。在「清談」玄理中，如果辯難精核，深得「理味」，或註解「玄理」（如《老子》《莊子》或有關佛經等），能創新義，就是言談有「精味」，而這種玄理之「精味」的表現，從主體的角度講，又是具有風骨、氣韻（或說有「高韻」者）的人格的精神與風貌的一種體現。上文引述《世說新語》的例證中，有所謂「辯答清析，辭氣俱爽」「意氣凝托，蕭然自得」「皆是精微，世之幽滯」「精核玄論」等等的形容，可以說明筆者所論。

　　通過上文引證和分析，再來看袁昂所謂「殷鈞書，如高麗使人，抗浪甚有意氣，滋韻終乏精味」這一品評，就不難粗略明白其意義。所謂「抗」者，抗邁、抗厲也，即激揚奮發、高超不凡的意思；「浪」

者，浪孟、浪莽也，即放縱而任性情的意思；而所謂「意氣」，也就是指人物（清談玄理的名士們）言辭清屬、激揚任性的個性特點和清談玄理的精神風度與自得情懷。把袁昂品評殷鈞書法的話翻譯為白話，就是説：殷鈞的書法，猶如高麗派來的使者，缺乏清談玄理的名士風度，雖表面上看來其言談及其風度具有激揚清屬的特點，但實質上缺乏拔俗的風韻神采，言談也較為乏味。——不精核、不精微，沒有做到「辯答清析，辭氣俱爽」。在此還要強調一點：這就是人物品評中的「韻」（「氣韻」「風氣韻度」等）是具有鮮活的生命感的，因此當「韻」被運用到藝術批評——特別是書法、繪畫批評之中時，它本身就內在地包含了這種生機勃勃的（中國古代繪畫批評中常説的「活潑潑的」）生命意識，而不是死板的、呆滯的，所以謝赫論繪畫「六法」，第一就是「氣韻生動是也」，或以為此句應點斷為「氣韻，生動是也」，這是十分有道理的。不過，繪畫之「韻」和書法之「韻」，其具體美學內涵，也有一定區別。那麼，進一步就殷鈞的書法作品而言，袁昂的批評「話語」的內涵到底是指什麼呢？還需再加追究。

二、書法「韻味」説的獨特美學內涵及其與「骨」「趣」等范疇的聯繫

其實，表面上看來，我國古代詩文、書畫藝術的「意象」化批評（採用形象比喻、象徵手法來進行批評），是一種整體的直覺的批評，但實質上又是一種較為「細緻」的批評，並不是一種「空疏」之言，這不僅體現在這種「意象」化批評和作品本身是緊密聯繫而相互印證的，而且還體現在「品第」的區別、作品要素的構成研究等方面，而且愈到後代，這種「細緻」性就愈加突出。

據《梁書》卷二十七《殷鈞傳》載，殷鈞，字季和，性格恬靜，「好學有思理」，善隸書，「為當時楷法」，受到范雲、任昉的稱賞，曾

經奉詔整理過「西省法書古蹟，別為品目」，熟悉前人的書法作品。當時和後代的書法批評家，常把他跟阮研（字文機）放在一起進行評論，認為他們的書法成就差不多，並不甚高。關於阮研的書法，袁昂《古今書評》曰：「阮研書如貴冑失品次，叢悴不能復排突英賢。」[42]庾肩吾（487-551）《書品》載漢至齊梁能書者一百二十餘人，分為九品，前有總論，每品後又有評「論」。列張芝、鍾繇、王羲之為上品之上，列衛宣等二十三人為下品之下，並論曰：「此二十三人皆五味一和，五色一彩。視其雕文，非特刻鵠；觀其下筆，寧止追響。遺跡見珍，餘芳可折。誠以驅馳並駕，不逮前鋒，而中權後殿，各盡其美。允為下之下。」所謂「五味一和，五色一彩」，就是說下品諸人書法沒有什麼創造性，用筆較為「墨守成規」。又列阮研在上品之下，評曰：「阮研居今觀古，盡窺眾妙之門，雖復師王祖鍾，終成別構一體。」而列殷鈞為「中品之上」的最後一人，品曰：「殷鈞頗耽著愛好，終得肩隨。」中品之下有衛夫人、謝安、羊欣、王僧虔等名流，雖中品之上與上品之下較為接近，但庾肩吾還是明確認為殷鈞不如阮研的。庾元威《論書》開篇即曰：「所學正書，宜以殷鈞、范懷約為主，方正循紀，修短合度。所學草書，宜以張融、王僧虔為則，體用得法，意氣有餘。」又曰：「余見學阮研書者，不得其骨力婉媚，唯學攣拳委盡。學薄紹之書者，不得其批研淵微，徒自經營險急，晚途別法，貪省愛異，濃頭纖尾，斷腰頓足。」

　　通過以上引證，說明殷鈞、阮研書，在梁代具有一定的名聲，殷鈞書的特點是「方正循紀，修短合度」，所以說缺乏「精味」，就是指

42　蕭衍《古今書人優劣評》作：「阮研書如貴冑失品，不復排斥英賢。」該書和袁昂《古今書評》多相同，論者以為當為後人誤題，實即一書。

其「骨力」和「韻味」不足。而阮研書有「骨力婉媚」（書寫的字體「攣拳委盡」）的特點，能「別構一體」。殷鈞和阮研的書法作品今天已經不傳，很難加以比較鑑別。但唐天寶年間書法家竇臮所撰《述書賦》有對殷、阮二人的品評比較：

　　季和慢速，風規所屬；圓轉頗通，骨氣未足。文機纖潤，穩正利草；軟媚橫流，姿容美好。若其抑阮褒殷，庶幾同塵。似泉激溜於懸磴，木垂條於晚春。

　　蓋竇臮認為殷鈞和阮研的書法成就差不多，所以説：「抑阮褒殷，庶幾同塵。」蓋庾肩吾拔阮研於殷鈞之上，後人可能又有與之相反者。竇臮認為二人各有千秋，當列在同品。竇臮所品，多為其親見該人書法作品者，所言當不致虛妄。從竇臮所品中，可以看到殷鈞書法「骨氣」不足，而阮研書法「軟媚橫流，姿容美好」。六朝特別是南朝時期，是崇尚書法的「骨氣」又欣賞其「媚趣」的，這正可以説明庾肩吾拔阮研於殷鈞之上的原因之所在。

　　但要切實瞭解袁昂的「韻味」説和庾肩吾、竇臮等對殷、阮二人書法品評的具體內涵，又需要對一系列的範疇和概念術語略作瞭解：如「骨氣」「軟媚」「媚趣」「纖潤」「慢速」（緩急）乃至「神」「能」「妙」「逸」「精」「細」「妍」「麗」等，這些範疇和概念術語正是體現古代書法批評的「細緻」之處的地方，瞭解這些概念術語，也是瞭解古代書法藝術批評規範（法則）的重要入手之處，它包括用筆、結體、章法等方面的內容。

　　傳為衛夫人所撰的《筆陣圖》（原標明作於永和四年，後人或疑為六朝人所偽托）云：

　　下筆點畫波撇屈曲，皆須盡一身之力而送之，初學先大書，不得從小。善鑑者不書，善書者不鑑。善筆力者多骨，不善筆力者多肉；多骨微肉者謂之筋書，多肉微骨者謂之墨豬；多力豐筋者聖，無力無筋者病。──從其消息而用之。

　　可見，所謂「骨力」「氣骨」主要體現在點畫的用筆表現上，又認為執筆有緩急之別，總之要意在筆先，用筆體現在結構（結體、章法）上要圓轉（所謂「結構圓備如篆法」），要「心存委曲，每為一字，各像其形，斯造妙矣，書道畢矣」。書法中的「韻味」，正是「書道」的整體原則的美感體現。

　　羊欣（370-442）《采古來能書人名》認為王羲之「博精群法，特善草隸」，評王獻之「善隸、槁，骨勢不及父，而媚趣過之」。虞和（劉宋泰始年間書法家）《論書表》云：「伏惟陛下（引者按：指宋明帝）淹留草法，擬效漸妍，賞析彌妙。旬日之間，轉求精秘，字之美惡，書之真偽，剖判體趣，窮微入神，機息務閒，從容研玩。」從他們所說的「媚趣」「體趣」來看，這種「趣」，就是指點畫用筆的精巧構造和結構章法的精密所體現出的一種整體形態美，所以「骨力」（包括「骨勢」）不足，但仍可能有「趣」，後人講「韻趣」和「趣」味就有這方面的意思，有時「趣」是指某種具體筆法的趣味。王僧虔（426-485）《論書》云：「張芝、索靖、韋誕、鐘會、二衛並得名前代，古今既異，無以辨其優劣，惟見筆力驚絕耳。」又云：「郗超草書亞於二王，緊媚過其父，骨力不及也。蕭思話全法羊欣，風流趣好，殆當不減，而筆力恨弱。」可見，六朝人除欣賞「骨力」外，也崇尚「媚趣」，特別是筆法疏妍之美，當然既有「骨力」又有「媚趣」，如王羲之的行書，是最受到時人的崇尚的，也同樣備受後人推崇。

王僧虔《筆意贊》又云：

書之妙道，神彩為上，形質次之，兼之者方可紹於古人。以斯言之，豈易多得？必使心忘於筆，手忘於書，心手達情，書不忘想，是謂求之不得，考之即彰。

對於鑑賞品評而言，首重「神彩」，書法的「神彩」依附於「形質」，「韻味」的美乃是「神彩」的美；但對於書法創作而言，其實是「形質」為先，力求由「形質」來體現自己想要達到的「神彩」，體現自己的「情志」。其後的唐代書法家對筆法的研究探討，也可以用來說明這一問題。如顏真卿（709-785）《述張長史筆法十二意》所述著名書法家張旭「筆法十二意」為：平謂橫、直謂縱、均謂間、密謂際、鋒謂末、力謂骨體、轉輕謂曲折、決謂牽制、補謂不足、損謂有餘、巧謂佈置、稱謂大小等。張懷瓘（唐代開元時期書法家）《評書藥石論》曰：「若筋骨不任其脂肉，在馬為駑駘，在人為肉疾，在書為墨豬。」又曰：「書亦須圓轉，順其天理；若輒成棱角，是乃病也，豈曰力哉！」這些論述也是對六朝書論有關觀點的繼承發展。

通過上述分析介紹，現在再回過頭來看竇臮《述書賦》對殷、阮二人的品評，就能夠比較清楚地理解其內涵。所謂「季和慢速，風規所屬；圓轉頗通，骨氣未足」，就是說殷鈞懂得用筆的緩急之道，符合前人的規範，前文介紹的衛夫人、王羲之的觀點，對此就有論述。又如王羲之《書論》說：「夫字有緩急，一字之中，何者有緩急？至如『烏』字，下手一點，點須急，橫直即須遲，欲『烏』之腳急，斯乃取形勢也。」所謂「季和慢速，風規所屬」，說明殷鈞善於體會書道，學習前人，庾肩吾《書品》說「殷鈞頗耽著愛好」，就是此意。而所謂「圓

轉頗通，骨氣未足」，就是指殷鈞的書法，在結構上能做到「圓轉」（所謂如「篆法」），但用筆「骨力」不足，所以其整體顯現出的「神彩」就差一籌，不夠「精微」「精巧」。沒有能夠做到「百般滋味」之「妙」「功業雙絕」之「精」和「運用精深」之「細」（竇蒙《〈述書賦〉字格》[43]），更非「聖」「神」的境地。這就是「滋韻終乏精味」的內在美學內涵。所謂「文機纖潤，穩正利草；軟媚橫流，姿容美好」，就是説阮研的書法，用筆精巧，有「旨趣調暢曰潤」和「意居形外曰媚」（竇蒙《〈述書賦〉字格》）的「潤」「媚」之態。從「文質」角度講，蓋殷鈞書可謂「自少妖妍曰質」，而阮研書可謂「逶迤排打曰妍」也（竇蒙《〈述書賦〉字格》）。竇臮認為「若其抑阮褒殷，庶幾同塵。似泉激溜於懸礒，木垂條於晚春」，推敲這幾句，可以説明阮研的書法也是缺乏「骨力」之美的，不過雖缺乏「骨力」，但能用筆精細、結構「穩正」，所以如「貴胄失品」，仍不墮沒風流「媚」好之態。《古畫品錄》第二品評顧景秀曰：

「神韻氣力，不逮前賢，精微謹細，有過往哲。」其所謂「精微謹細」也主要是從繪畫用筆角度説的，這也有助於我們來理解袁昂所謂「精味」的含義。

總之，袁昂所謂「殷鈞書，如高麗使人，抗浪甚有意氣，滋韻終乏精味」，借用人物品評的方法，「意象」化地説明了殷鈞的書法就如缺乏清談玄理的名士風度的人一樣，雖有激揚清厲的特點，但實質上缺乏拔俗的風韻神采；就其書法作品本身説，就是雖能在用筆、結構

---

43 日本學者中田勇次郎《中國書法理論史》認為竇蒙為其弟竇臮《述書賦》所撰的《語例字格》對司空圖撰寫《二十四詩品》有影響：「晚唐時候，司空圖撰寫了《二十四詩品》，其中不少用語，都和這篇《語例字格》中的字句相同或相似。」附註於此備考，中譯本第41頁，盧永璘譯，天津古籍出版社1987年版。

上合乎常規，但「骨力」不足、精細巧思的獨特創造性不足，整體上又缺乏「調暢」流麗之美，所以說缺乏「韻味」。這就從反面提出了書法要有「韻味」的要求。──就是用筆上，要有骨力而非肥而多肉，點畫還要精微巧構；結構上，要圓轉流麗而非徒有「穩正」，還要不墨守成規；整體美感上，要體現出個人「性情」，具有「潤」「媚」「趣」等等特點，還要具有飛動流暢、生機勃勃的生命感。這一「韻味」的要求，既繼承了齊梁以前（特別是魏晉以來）的書法美學思想，也反映了齊梁時期獨特的書法審美理想，並且直接為唐以後歷代書法家所繼承和發展。

昌明文庫·悅讀美學　A0606022

藝味說　上冊

作　　　者	陶禮天	
責任編輯	楊家瑜	
發 行 人	林慶彰	
總 經 理	梁錦興	
總 編 輯	張晏瑞	
編 輯 所	萬卷樓圖書股份有限公司	
排　　版	菩薩蠻數位文化有限公司	
印　　刷	百通科技股份有限公司	
封面設計	菩薩蠻數位文化有限公司	

出　　版　昌明文化有限公司

桃園市龜山區中原街 32 號

電話 (02)23216565

發　　行　萬卷樓圖書股份有限公司

臺北市羅斯福路二段 41 號 6 樓之 3

電話 (02)23216565

傳真 (02)23218698

電郵　SERVICE@WANJUAN.COM.TW

大陸經銷

廈門外圖臺灣書店有限公司

　　電郵　JKB188@188.COM

ISBN 978-986-496-203-7

2020 年 7 月初版二刷

2018 年 1 月初版

定價：新臺幣 280 元

如何購買本書：

1. 轉帳購書，請透過以下帳戶

　　合作金庫銀行　古亭分行

　　戶名：萬卷樓圖書股份有限公司

　　帳號：0877717092596

2. 網路購書，請透過萬卷樓網站

　　網址 WWW.WANJUAN.COM.TW

大量購書，請直接聯繫我們，將有專人為您

服務。客服：(02)23216565 分機 610

如有缺頁、破損或裝訂錯誤，請寄回更換

國家圖書館出版品預行編目資料

藝味說/ 陶禮天作.-- 初版.-- 桃園市：昌明

文化出版；臺北市：萬卷樓發行, 2018.01

　　面；　公分.--(昌明文庫. 悅讀美學)

ISBN 978-986-496-203-7 (上冊:平裝)

1.中國美學史

180.92　　　　　　　　　　　107001908